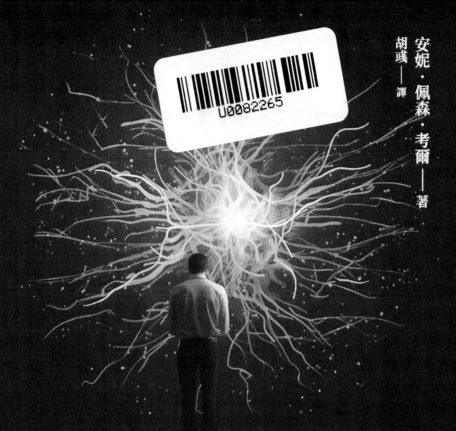

安妮‧佩森‧考爾——著

胡彧——譯

高度敏感、歇斯底里、幻視幻聽……

神經與理智

NERVES AND COMMON SENSE

代人經常有的毛病，看看是不是在說你？

天像顆陀螺不停旋轉，忙到星期幾了都不知道；

作時感到疲憊厭世，下班能休息時卻異常亢奮；

不容易閉上雙眼，大腦竟不自覺浮現老闆的臉……

經老是處在緊繃狀態，有想過原因何在嗎？

實，這一切都與情緒的失控有關——

美國心理學家
安妮‧佩森‧考爾

經典代表作

已出版超過100年，
至今仍在專業領域
被廣泛引用

目錄

CONTENTS

第一章

習慣與精神緊張

人們有些習慣，容易引起神經緊張。長期受這些不良習慣影響的人，神經系統就會失去控制，造成嚴重的憂鬱或神經衰弱。如果能關注病根，病人就邁出了徹底改變習慣的第一步；只要把神經緊張轉化為精神力量，疾病就可能好轉，獲得永久健康的開始。然而，有些人不對病根深究、探源，只是簡單地採取強迫休息的方法，病人雖然「好」了，卻過著生不如死的生活，而且還可能舊疾復發。

如果精神痛苦能教會我們如何避免精神緊張，那麼遭受些許痛苦，仍有其價值。而更理想的狀況是，能在不遭受精神崩潰的極端痛苦下，仍可避免精神緊張。

指出我們日常生活中的不良習慣，提出切實可行的治療方法，是本書的宗旨。本書列舉了許多日常生活中的實例，來講解其道理。

如果身體器官沒有疾病，那麼毫無疑問：性格缺陷，不管是天生還是後天，是所有精神疾病的根源。要是人們，尤其是病患本人，能明白並承認這一點，就已經有了根除疾病的良好開端。

問題是，人們出於羞愧心理，不願面對自己的惡習。他們不知道，其實羞辱也可能有益身心健康。不敢面對可以讓自己改變惡習的羞恥，就會像置身於五里霧中，處於懵懂狀

態；固執地認為自己性格堅強，寧願生病、受罪，也不願正視自己性格上的弱點。我們應該像男人一樣坦然面對，走到戶外呼吸新鮮的空氣、保持精神的健康，以獲得生活的力量。

智者只要稍微自省一下，就能意識到做了錯誤的選擇是很愚蠢的。而他們也會採取行動，阻止錯誤的發生，於是，所有神經衰弱的病根就會真相大白。

所謂信仰療法、宗教療法、精神療法、催眠療法、心理療法或其他精神療法，充其量只是一種精神疏導，是生命長河中的一條支流，發揮不到根本的作用。一旦知道真正的病根，人就能讓自己保持健康的心態、積極努力，發揮自己的主觀能動性、培養堅強的性格。這才是永久的治療方法。

我認為，堅強的性格，來自個人的主觀能動性。只有個人的主觀能動性，才可以讓我們了解，並主動相信我們所依靠的力量來自外部；而真正自我力量的源泉，就是盡可能減少對外部力量的抵制。為了不對身心健康造成影響，也就意味著我們得堅持不懈地努力，並保持高度的警覺；但這麼做是值得的，因為它得到的回報，遠遠大於付出。而且，我認為精神緊張問題如此常見，可以轉化為一種動力，指導人們獲得比以往任何時候都更為強壯的身體。但前提是我們必須努力、必須放棄旁觀等待的想法。

第一章 習慣與精神緊張

第二章
女人如何遠離精神緊張

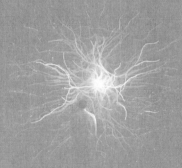

許多人遭受不必要的精神緊張而痛苦，只是因為缺乏對它的了解，不知道如何調整讓自己保持健康。舉個例子，有位婦女已生病八年了。這八年，本該是她人生風華正茂之時 —— 卻只因為自己和家庭成員都不了解痊癒的正確道路，而受苦了八年。現在，她已經找到了這條道路，短短六個月就恢復了健康，前景一片光明。這是多麼美妙呀！

　　現在，我們來聊聊她生病的經過及治癒的過程。

　　有一天晚上，她感覺非常疲憊，卻睡不著；房裡各式各樣的噪音，吵得她轉側不安。剛阻止一種噪音，另一種噪音又響起來。她的精神非常亢奮，對噪音異常敏感；舉凡耳中所聽見的聲音，都被她刻意誇大了，甚至似乎能聽見各種常人根本聽不見的聲音。她為此痛苦不已，徹夜未眠。

　　由於被噪音干擾，一夜未眠，第二天，她疲倦至極、精神緊張。家人為她的失眠擔心，討論了許多這方面的事情，還叫來了醫生。

　　這位婦女整天精神緊張，變得很脆弱。她的兄弟姐妹們認為，她像孩子般敏感，開始對她不耐煩起來。家人對她的過度關心及那些無力的、一廂情願的同情，使她變得軟弱、自我；家人那些無知、自私和不耐煩的程度，更使她變得精神緊張。接著，又產生了種種擔憂，婦女自己也感到非常煩心 —— 所有的這一切，都讓她神經衰弱。

由於胃部與大腦是緊密相連的，後來，她開始感覺消化不良、胃脹難受，食物「消化不了」，各種神經緊張及過度疲勞的症狀開始出現。於是，胃部消化功能開始失常。她整天擔心著該吃什麼，不該吃什麼；因為胃部過度疲勞，就連一些簡單的食物也會讓她不適。她把所有的不舒服都歸咎於食物，卻不去追究真正的原因，即胃部疲勞背後的原因 —— 精神緊張。其惡果是，各種食物因為無法下嚥而中斷。她開始厭煩周遭任何不喜歡的事物、不喜歡的人，變得喜怒無常。她的病成了整個家庭的重心，家人不是表現得過分關心，就是煩惱焦慮。

你看，她不斷地加深大腦對過度疲勞的印象：首先，沒睡著，感覺煩悶；然後，對噪音煩躁；接著，亢奮讓她徹夜難眠，於是感到沮喪；後來，對自己和周遭的人產生了牴觸情緒及惱怒。這位婦女自己以及周圍的人，一直反覆講述精神疾病的事情，讓她刻骨銘心，以致於她的餘生都深陷其中、無法自拔。如同創傷一樣，心裡希望它痊癒，就不停地抓它，其結果恰恰相反。婦女也許有世界上最健康的血液，但如果自己弄破了皮膚，就抓撓傷口或撒鹽，傷口永遠也不會癒合。

現在，我們來談談這位婦女是如何痊癒的。她做的第一件事，就是在床上做一些非常簡單的放鬆鍛鍊，盡可能放鬆

地、慢慢地抬起手臂，然後舉起手伸展、放鬆手指，再用力地放下雙手和前臂，讓它們先是緩緩下垂，然後全力加快速度。她試著像嬰兒睡覺那樣閉上眼睛，長長地、緩緩地、平靜地呼吸。諸如此類的訓練，都加強了她對靜心放鬆的印象。這樣，就可以很敏銳地認識到不必要的精神緊張。

對噪音感覺煩悶時，可以很容易感覺到自己的身體變得僵直、緊張；而做完放鬆訓練，她感覺心靜了。但如果發生了不順心的事情，或者有人說了違背她心意的話，轉眼間，所有訓練的成果馬上消失殆盡，她又開始變得緊張不安、煩躁易怒。

不久後她了解到，如果想要痊癒，必須克服身體緊張的壞習慣。她還體悟到更重要的一點 —— 遠比第一點重要，她必須弄清楚造成緊張的原因，否則，永遠不會痊癒。她發現罪魁禍首是她對噪音的怨恨心理及牴觸情緒，還包括對環境、人和所有使她「精神緊張」的事物。

然後，她開始下定決心培養堅強的性格，走向健康、幸福的生活之路，努力改變以往固有的印象。只要一聽到噪音，她就憑藉堅強的毅力引導自己的注意力，放棄對噪音的牴觸情緒。為了克服對噪音的牴觸，她集中精力做身體放鬆訓練。最後，她開始喜歡上了這種鍛鍊，也喜歡上了一系列高級的身體恢復實驗。當然，她選擇了健康的生活方式及明

智的愛好，身體因此恢復得很快。她不僅享受到越來越多輕鬆自如的感覺，也享受到了親身體驗實驗成果的快樂。自然規律傾向健康，只要停止對它的干涉，它就會讓我們保持健康。

傷口的痊癒與精神的痊癒，只有一個差異：傷口痊癒後，身體能恢復如初；而精神緊張痊癒後，每一次運用堅強的意志力把自己從煩擾中解脫出來，我們獲得的不僅是精神的自由，而且是新的精神動力。

如果能抱有正常的心態深入認識精神疾病，那麼，人會變得比以往更加堅強。

精神緊張在婦女身上的表現，通常是她們不停地說話。不斷地說啊說啊的，說的大多是自己的瑣事，比如：疾病、擔憂及那些妨礙她們痊癒的障礙。這些牢騷，並不像有些人認為的那樣是一種解脫，純粹只是浪費精力；但這時假如滿腹牢騷受到控制，卻會造成更大的浪費。唯一真正有幫助的是，她自己意識到談話中的緊張感，而想辦法去「放鬆」，直至沉默。

治癒精神緊張 —— 真正地治癒，必須要認清自己。精神緊張的原因，在於性格及待人接物的方式，所以，在這些方面意識到自己的錯誤，是非常必要的。要勇敢地面對這些錯誤，盡自己最大努力，來解除精神緊張的病根。

現在來講講兩個男人的故事。他們都患有嚴重的精神疾病，生活艱難。其中一個人，總是抱怨周圍的環境、抱怨自己的現況、抱怨身邊的人。每件事、每個人，除了自己之外，都是他痛苦的來源。他就是這樣不斷地沒事找事、增加自己的壓力，最後精神崩潰了。即使間或好轉，也是自然規律傾向健康的法則對他的眷顧，而不是自己努力來的。

　　另外一個人，一個很真實的例子，因不知如何工作，經常感覺精疲力竭，於是出外度假。回來時，他的代理商在車站接他，並告訴了他一個壞消息。聽到這個壞消息，他沒有感覺害怕、沒有產生牴觸心理，身體也有沒因緊張而變得僵直；相反地，他把這當作一次克服牴觸情緒的良機。他先前已學會了放鬆訓練，於是他就盡可能地提醒自己：「安靜下來，順其自然」。他運用自己的意志力放鬆下來，拋棄牴觸情緒，所以沒有表現出非常難過的樣子。代理人非常吃驚，原本以為他一定會崩潰的。他問代理商：「還有其他的事情嗎？」是的，代理人另外還有跟第一件一樣糟糕的消息。「接著說吧，」這個得過精神疾病的人說：「告訴我其他的事情。」

　　代理人如實告訴了他五件事情，每一件都非常糟糕，聽了讓人心情鬱悶。在聽取每件事情時，這個人盡其最大可能強迫自己拋掉牴觸心理，於是發揮了積極的作用，讓他有效地應付了這些不順心的事情。

當然，後來他花了很長的時間努力克服那些牴觸的情緒，漸漸養成了固定的生活習慣，於是頭腦變得比以往清醒，意志力變得非常堅強，生意也做得非常成功。

　　生意上的成功，只是小事；頭腦清醒、意志堅強，也都是小事。重要的是，要感激幸運之神。在他剛療養回來的幾個月間，幸運之神似乎總是與他作對，而現在已經開始青睞於他。幸運之神與他作對的一段時間，是他獲得的最大祝福，因為他幾乎遭遇了所有的不幸。而這些不幸，培養了他的意志力，使他更堅強、更有毅力。

　　這兩個男人，是兩個極端的例子。第一個人不知如何對待生活，他本來有機會可以跟第二個人做得一樣好。而第二個人經過努力，幫助自己走出精神困境，找到了保持精神健康的真諦。

　　然而，很遺憾的是，有些人非常脆弱，無法堅持下去；即使有機會，也不願學習。看見人們遭受痛苦，卻不願意勇敢面對，去追尋可以幫助他們擺脫折磨的道路。

　　麻煩的是，我們總是想走自己的路，不願丟棄不良習慣。對於那些曾經精神崩潰的人來說，唯一獲得長期健康的機會，就是當事情不按自己的意願發展時，要學會拋棄牴觸情緒所帶來的壓力。有不少在輕鬆痊癒後，卻又不斷上演掉入「精神衰弱陷阱」的例子，都證明了這一點。即使是那些

似乎痊癒一段時間後都安然無恙的人，要是沒有養成良好的習慣、克服身心壓力，就會發現他們對自己過度保護，意味著恐懼暫時被隱匿起來，甚至背後隱藏著更大的恐懼風暴。

對於有些創傷，醫生認為必須切開，不論過程多麼痛苦。因為醫生知道治癒創傷，必須從傷口內部開始；若只讓傷口外部癒合，意味著內部腐爛，甚至死亡。在大多數情況下，精神疾病的治療也是如此；只有從內部根治，才能徹底治癒。有時在治癒的過程中，要經歷巨大的變化，就好像讓機器倒轉一樣。

我最初提到的那位婦女，做過幾年放鬆鍛鍊。正因為她不斷地訓練，幫助自己獲得頭腦的平靜、放棄牴觸情緒，才恢復了健康，否則她永遠也辦不到。

專注於解除身體緊張，對於拋棄頭腦中的牴觸情緒大有裨益。比較恰當的方法，是不斷地進行身體放鬆的練習；透過不斷的重複練習，在平靜、開闊的心境留下深刻的印記，就可以任意操縱它。最後，在經歷幾次嘗試之後，就可以養成習慣，繼而在面對困難時，沒有緊張感 —— 不管是什麼樣的困難。

在所有解除精神困擾的練習中，最容易讓人平靜、放鬆及培養意志的，就是有節奏地深呼吸和進行相關的發聲練習。在人的全部器官中，精神緊張在聲音方面表現得最為明

顯。有時候，似乎所有的練習都有益處，因為它們為更健康的呼吸開闢了道路。吸氣時，身體的每個器官都產生緊張感；呼氣時，也會產生相應的反應。深呼吸時，身體越被動，血液循環進行得越自由、越平靜。當然，所有神經緊張和肌肉收縮活動，都會妨礙血液循環，也會使神經更為緊張。

任何「精神緊張」的患者，不管程度如何，每天早上進行半小時的呼吸練習，非常有益健康。平躺在地上，身體盡可能放鬆，然後緩慢地、有節奏地呼吸，長短皆可。身體要打開、要放鬆、要積極配合。吸氣時，身體打開；呼氣時，身體放鬆，就像橡皮筋那樣。這種練習只要堅持訓練一段時間後，就會感覺神清氣爽。最後，甚至會覺得就算不吃飯，也不願錯過這樣的練習。

你必須非常用心，每次深呼吸後，要安靜地休息一陣子，讓肺輕鬆一下。一開始，一定要和緩、溫柔地進行；每次吸氣後，都要同樣地小心，用同樣的氣力。只有在從吸氣到呼氣的轉換時，力度才發生變化，但也必須盡可能地和緩 —— 身體一定要保持放鬆。

呼吸短促時，可以數到三、五、十吸氣，再數同樣的數呼氣；直到形成節奏，這樣就可以不必數數，像熟睡時那樣輕鬆自如地進行了。呼吸要維持和緩、溫柔。如果騰不出半小時，可以在走路時進行呼吸練習。發現自己呼吸時的緊張

與抗拒，然後舒緩地呼吸，直到呼吸不再受意志力的支配，那麼我們就會感覺渾身放鬆、神清氣爽。

我們必須要有心理準備：恢復的過程會很緩慢，需要耐心。記住，精神緊張時好時壞，要憑藉堅強的意志，把每次精神狀況的反反覆覆，都看成健康恢復的起點；進行這些呼吸練習，來獲得平靜、自由的心態。想要效果持久或顯著，必須在每次呼吸時，都努力讓它在頭腦中留下印象。面對環境、人或責任時，要秉持著積極與堅持的態度，而不是被動、牴觸的心態，才能心胸開闊、內心平和。如果不能牢記要以樸實的態度對待神，那麼展示自我最簡單易行的方法，就是進行精神康復訓練。

在初始階段，需要費心盡力，但如果堅持下來，就一定能成功。我們正學習遵循的，是全能的神的規律；這一學習過程，能讓我們更深刻地理解信仰神的真正含義。不信任，就沒有服從；明智的服從，產生信任。神經系統一面依附靈魂、一面依附身體，我們必須遵循精神及身體規律，努力工作，獲得靈魂與身體的自由，才能從精神疾病中恢復過來。

總之，如果想幫助自己擺脫「精神疾病」，就得學會該休息的時候就休息，該工作的時候就輕鬆地工作；學會放鬆由精神緊張引起的肌肉緊繃；學會克服引起「精神緊張」的牴觸情緒：生氣、憎恨、擔心、焦慮、不耐煩、煩心，或者

自我憐憫；只吃營養食品，要細嚼慢嚥；盡可能地呼吸新鮮
空氣及進行舒緩的、有節奏的深呼吸；盡可能地進行各種充
滿健康活力的訓練；盡全力做好日常工作；為工作及他人著
想，集中精力恢復健康等，就不會有心思抱怨生病，就會明
白我們所做的一切，都是對賦予我們生命的全能力量的絕對
信任，這是一種明智的服從。健康地、持續地專注，是保持
健康神經的精髓。

注：本書中的「神」，泛指宇宙運行的神性，跨越各宗
教，也指人本來具有的神性。

第二章　女人如何遠離精神緊張

第三章
「你不知道我有多忙碌」

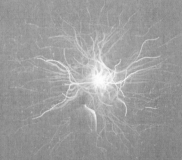

有一位婦女，一動也不動地坐著；明明無所事事，卻感覺自己非常忙碌。還有一位婦女，在辛勤工作的同時，手頭上還有很多其他工作在等著她，但她卻感覺非常悠閒。要知道，並不是所做的事情給我們忙碌的感覺，而是我們做事的方式及我們對待工作的態度。

現在這種忙碌的感覺，帶給人的大腦與精神壓力日益強烈。不只有很多婦女，男人亦然，敏銳地感覺到了它帶來的痛苦。女人遭受的痛苦相對更嚴重，因為她們沒有意識到忙碌感實際上與她們所做的事情無關。

我曾經見過一位婦女，有一段時間的忙碌感讓她非常苦惱；即使一整天只有兩件事情，加起來最多半個多小時就可以做完，她仍然感覺非常忙碌；她總是極度渴望休息。在我認識她之前，她從不知道原來持續工作直至過度疲勞，或絞盡腦汁地渴望休息，都會使人變得異常。這位婦女雖看似在休息，卻從未得到真正的休息；她可以躺在床上「休息」好幾個小時，思緒卻一直處於一種足以讓任何正常人精疲力竭的緊張狀態。一位朋友曾經告訴她，她太耽溺於休息。可以想像，她正遭受精神緊張的苦惱，而在獲得健康的過程中，她必須被迫工作，不停地工作。許多次，她哭喊著，乞求休息；但實際上，她所需要的不是休息，而是工作。

她開始從事一些有益健康的工作。在工作時，常為工作殘酷的一面而哭泣；可是回到家，卻又像孩子一樣快樂，而且，她可以正常地休息，休息的品質也很好。因為她忙碌的是對健康有益的事情，這使她的休息也變得相對健康正常了。她對工作越來越感興趣，休息越來越少，其品質卻越來越好，因為有了非常充分的休息目的與理由。

　　現在，她的休息時間和正常人一樣，但可以從每次片刻的休息中獲得新的活力；之前，所有的休息只會讓她更渴求休息、讓她處於過度疲勞的緊張之中。令人感到奇怪的是，似乎她對休息的異常需求消失了，忙碌的感覺也消失了。

　　美國婦女最需要的就是健康的休息習慣，是真正的休息，而不是緊張的休息或者自我放縱的休息。

　　另外一個關於緊張狀態下假休息的例子。一位婦女每天堅持騰出一段時間休息，她強調安靜地、帶著悠閒的心情，即她所謂的悠閒心情，就是 —— 做事情。可是她卻把家務事做得一團糟，而且自己沒有意識到這一點；她認為自己行動敏捷、做事俐落、休息得當。當她在自我陶醉時，卻沒有意識到暴風雨在她周圍即將爆發，而且罪魁禍首就是她自己。她為家人對她苛刻的要求傷透了腦筋，甚至累得病倒了，得了慢性病。她認為終於可以放心休息了，但令她惱火的是，明明奔波忙碌的是自己，其他人竟然還在抱怨。

借助虛假的休息，她的心中一直壓抑著一場暴風雨。如果這位婦女能敞開心扉，釋放心中的暴風雨，也許會大病一場，但這會讓她睜大雙眼、認清事實，自己就能休息得更有效果，家人也能輕鬆地生活。

近幾年這個國家似乎有一個奇怪的狀況，就是人們在急需良好休息習慣的同時，緊張的休息習慣竟然成為了最大的矛盾。然而，細想之下就會明白，這非常合理。我們都已經緊張地工作、緊張地玩樂、緊張地生活這麼久了，當休息的需求變得急迫起來時，理所當然地會把緊張的情緒強加在休息上，於是休息也變得緊張了起來。這樣的「休息」意味著什麼？能帶給我們什麼力量？能給我們什麼啟示呢？

就我提到的第一位婦女而言，休息對她來說是一個精神逐漸衰弱的過程。身體休息了，卻也逐漸向死亡靠近。身體一而再、再而三地休息，血液循環就會越來越緩慢，直到抵抗力最差的器官開始產生病變。醫生似乎習慣性地關注疾病本身，而不關注疾病背後導致異常緊張感的原因。顯而易見的，休息過多和不當的休息方式會讓人產生不正常的忙碌感；同樣的，過度工作和工作方法不當亦如此；這兩者都會造成人們的痛苦。

美國人易患「美國病」，這一傾向由來已久，所以我們的下一代以及再下一代都繼承了忙碌感，卻又深刻地感受到其

所帶來的苦惱。他們也清楚地知道，實際上無事可忙。男人如此，女人亦如此。在這種情況下，首先我們要關注的，是不要把忙碌感與任何事情連結起來；其次更要關注的，是透過努力治療，將緊張釋放出來，就像需要藉由努力工作來治療聖維特斯舞蹈症或其他精神疾病一樣。

很多婦女起床後，打扮自己就像在趕火車一樣；吃早餐時，就好像有一艘六個月後才開船一趟、駛向地球另一端的輪船在等著她們一樣。她們不知道、也沒有發現自己匆匆忙忙的，直到緊張過度，病倒為止，於是便遭受「忙碌感」所帶來的痛苦。

讓我們觀察一些婦女與人爭論時的情景，她們面紅耳赤、強詞奪理，就是為了證明自己是對的。她們幾乎不讓對手有講話的機會，更不用說讓自己停下來，認真思考對方的建議對錯與否。

忙碌感絕不只展現在做事方面，它也強硬地植入我們的大腦，進入我們的談話、寫作和思考中。我想知道，我們當中多少人能有氣定神閒、正常運轉的大腦？多數人甚至不知道，該如何衡量氣定神閒地思考、工作與生活：氣定神閒的頭腦，或者偶爾充滿忙碌感的頭腦，具有非常強的敏銳感，就好像人們會本能地將熾熱的煤球自手中拋棄一樣，將忙碌感拋棄。

沒有人能領會「緊張的忙碌感會削弱人的肌肉功能」這一點，直到我們得依靠堅強的毅力尋求正常的、寧靜的生活習慣。然而，我說忙碌感會削弱人的大腦與神經功能，絕不是危言聳聽，它的確非常可怕。

再重複一次，忙碌感與所從事的工作沒有任何關係。忙碌中的婦女和無事可做的婦女，都會產生忙碌感。

「但是，」有人會說：「時間有限，卻要做很多工作，難道不會感覺到時間壓力嗎？」

喔，會的，正常情況下，都會感覺到時間壓力。正因為壓力，你才可以安排哪些工作最好不做，以緩解壓力。如果兩件事情一樣重要，就必須決定出自己有時間做哪一件事，而剩下的另外一件就只能放棄。如果為那件無暇去做的事擔心，那麼本來在充裕時間下可以做好的事情也做不好了。所以做事時，應拋棄任何異常的忙碌感。

就像自然規律傾向健康及休息 —— 恰如其分的休息，如果無法掌握休息的訣竅，我們要像向日葵尋找太陽那樣去尋找它。這訣竅，絕不是任何虛偽的東西，它是自然的、活生生的，屬於我們自己的。但如果能先找到自己最原始的本能，它便可以在尋找訣竅的過程中助我們一臂之力。

要想從休息中獲得真正的動力，就必須有休息的理由與目的。要學會放鬆自己，讓身體處於開放、順從的狀態，這

樣血液循環就能發揮最大的作用。但在學會放鬆前，我們必須先做些活動，讓血液循環有一個好的開始，進而發揮其最大的功效。

最重要的是，要想知道如何休息，必須學會拋棄所有雜念。這很困難，最好的辦法是全神貫注地想一件簡單、讓人心靜、有益健康的事情。例如：在你感覺疲憊時，可以休息半個小時，來消除疲憊感。假設你躺在床上，想像自己是一個經過暴風雨洗禮、波濤翻滾的湖泊。而暴風雨漸漸變弱、變弱，直至風停雨歇，湖面上只剩一些翻滾的小浪。小浪翻滾得越來越小，最後只剩下絲絲泛起的漣漪。然後，風平浪靜，水平如鏡；日落西山，暮色降臨。天空出現點點星光，綠岸、翠樹、夜空及星星都映照在如鏡的湖面上。你就是湖，沉靜如水，養精蓄銳，隨時準備起來繼續工作 ── 做得比以往更好、更心平氣和。

還有一種平靜心態、獲得更好休息的方式：冥想自己漂浮在波濤洶湧的大海上，慢慢下沉、下沉、下沉，直至平靜的海底。眾所周知，不管大海的表面如何波濤洶湧，水底下永遠是寂靜無聲的。讓想像力載著自己沉到那裡，這就是休息。

使身心平靜，不論用什麼方法，只要開始，就得全神貫注地投入。過程中，會不斷有各種雜念蜂擁而入。就讓它們進來吧，不要理會它們。

我認識一位婦女，她患有精神疾病，身體器官受到嚴重損害。她下定決心要好好休息，她也確實這麼做了，每天都休息三個小時。她自我暗示道：「我要左側躺一小時，右側躺一小時，再平躺一小時。」她日復一日地堅持著。往左側躺時，她可以欣賞一棵漂亮的樹；往右側躺時，可以欣賞一幅美麗的畫；平躺時，可以透過天窗看見藍天及綠樹。她每週都在好轉，因為她知道休息的目標是：讓身心痊癒。如果休息時只會抱怨，那我便會懷疑她今天能否好轉。

　　她用的方法很簡單，就是拒絕那些不愉快的感覺，除非是為了從中獲得休息。當她的身體好轉，便可以開始進行簡單的訓練了。她很清楚一開始需要加倍小心，但這是為了獲得更好的休息、讓身體恢復得更快，所以她堅持訓練下去。而現在，她已經痊癒了。她知道如何休息、如何工作得比以往更好。

　　為了獲得正常的休息，我們需要整晚的睡眠。白天何時會小憩片刻，經常難以預料；休息的方式，也難以想像，所以我們必須學會利用它們。我們還需要養成輕鬆工作的習慣，這能夠幫助我們適當地休息；能正常地休息，才能正常地工作。

　　一位富有智慧的女士曾說過：「親愛的，你不能誇大那些雞毛蒜皮的小事。」無論她本人的知識豐富與否，她說的這句話寓意深遠。

正是我們養成了過度誇大事情重要性的習慣，才使我們總是忙碌、緊緊地握住緊張的生活不放。我們必須滿足於一次只做一件事情，並且全力以赴地完成它，然後再開始做第二件事。這樣我們就會很吃驚地發現，最後居然能取得那麼大的成就。以良好的心態集中精力做事，是輕鬆工作與充分休息之根本，因為它意味著拋棄一切雜念。

　　我知道一些婦女讀者會說：「哦，是的，這對一些婦女有益，可是對有很多工作要做的女人來說，或者像我一樣必須要工作的女人，根本沒用。」

　　我的回答是：「親愛的女士，它對妳最有用！」

　　工作做得越多，生活越辛苦，我們越需要盡可能地讓工作變得輕鬆、讓生活變得自由。我們在這個世界上，就像是在上學，但我們可不想停留在小學。

　　生活越辛苦，受到的阻礙就越多，就能越誠心地學習將阻礙變成機遇 —— 如果堅持不懈，無論情況多麼嚴峻，獲得畢業文憑的距離都會變短。從忙碌中獲得自由、在不平靜的地方追尋平靜的心，是值得我們克服任何困難、努力奮鬥的。想一想如此平靜的心態會給他人帶來多少益處啊！尤其是一個女人獲得了這平靜的心，在今天會多麼地與眾不同啊！

第三章　「你不知道我有多忙碌」

　　女人的思緒混亂不堪時，是最糟糕的混亂不堪；女人的思緒平靜如水時，從人性的角度來說，是最美妙的平靜。

第四章
為什麼史密斯太太令我不安？

想知道這個問題的答案嗎？答案是：「因為妳不願意接受史密斯太太就是她自己 —— 這個事實」，妳希望她跟妳一模一樣，即使跟妳不完全一樣，妳也想讓她變成妳希望的樣子。

我見過這樣一個女人：當另一個女人在舔焗豆上的糖汁時，會讓她感到煩躁不安，甚至吃不下晚餐。後來，她告訴我沒胃口的原因時說：「這多麼荒謬！為什麼我會不喜歡史密斯太太舔焗豆上的糖汁呢？人家舔糖汁又不會傷害到我，我也不用去嚐她碰過的糖汁，這太奇怪了。她這種糟糕的行為氣得我沒辦法吃飯！」

還有比這更荒謬的事情嗎？這個女人很煩惱，她自己也承認這種煩惱毫無用處、愚蠢至極，可是卻不做任何努力去消除這些煩惱。

同樣的情況發生在另一個女人身上。她突然發現自己在教堂裡大聲喧嘩，於是她驚訝地大喊一聲：「哎呀！我在教堂裡大聲喧嘩！」然後她又驚訝地說：「哎呀！我總是在教堂裡大聲喧嘩！」可是她卻從來沒有停止這樣過。

我相信我的朋友被邀請去參加晚宴時，如果知道史密斯太太將出席，而且女主人會做焗豆的話，她會拒絕赴宴的。史密斯太太吃焗豆的方式在她心裡留下了陰影。

「我不會責怪她的，」有的讀者會說：「舔焗豆上的糖汁是非常不禮貌的行為，她為什麼不能覺得噁心呢？」

我的回答是：「她為什麼要感到煩惱呢？她的煩惱能阻止史密斯太太吃焗豆上的糖汁嗎？不管是出於私心還是別的原因，她能從煩惱中得到什麼嗎？此外，如果舔焗豆上的糖汁和往咖啡裡放糖一樣都是傳統，那這個女人就不會感到煩惱。令她煩惱的僅僅是看到史密斯太太有違常理的行為而已。」

正是同樣的東西使馬畏縮不前。馬不會對自己說：「有一輛馬車在前進，卻沒有馬拉著車、沒有東西推動它，也看不到任何動力。多奇怪啊！多可怕啊！」於是馬心跳加速，由於恐懼而到處亂蹦。當馬第一次看到汽車時，就像是有人突然打了牠一下，於是馬就受驚而逃了。馬被激怒了，但卻不知道是什麼令自己惱火。當馬退縮不前時，你可以騎馬遠離汽車讓牠安靜下來，然後把馬帶回到那輛車或其他車前。重複幾次上述過程，馬熟悉了汽車後就不會害怕了。

女人和馬之間的不同在於，女人惱怒的背後潛藏著她的自由意志，而馬卻沒有。如果我的朋友為了消除自己的煩惱，每週兩次宴請史密斯太太，每次都做焗豆，並親自把糖汁禮貌地遞給她，這樣只會加重煩惱。不僅如此，她還會發現自己變得更容易抵制別人的特質。我曾經見過有些人被更

小的事情搞得神經衰弱。煩惱背後潛藏的是抵制及怨恨，這種習慣是很多女性神經疾病發作的重要原因。每個女人都是「惹惱她的那個女人」的奴隸，臣服於用一根絲線把她的精神力量抽空的每個女人。這不是別人的錯，問題出在她們自己身上。無論我們有沒有看到或想到她們，絲線都在拉緊，因為一旦被她們惹惱，拉緊的絲線就存在於我們的頭腦中。緊張在腦中不斷累積，最後把我們壓垮。

那匹馬並非憎恨或抵制汽車。當牠熟悉汽車之後，恐懼所造成的緊張就立刻消失了。同樣地，當一個女人初次接觸自己不喜歡的事物時，就會產生憎恨與抵制；只有消除它們，她才能重獲自由。

總有很多討厭的事會讓我們惱火一段時間。隨著這種經歷的增加，我們會變得更加堅強。但很少有人知道這種堅強僅僅是累積起來的抵制，它會在以後以令人不快的方式出現，使我們罹患精神或肉體上的疾病。要想獲得自由，我們必須放棄對別人的抵制與怨恨，哪怕只有一點點。紙上談兵不會帶來什麼好處，猶豫不前也不會解放我們。必須首先學會放棄，才能看清問題的本質，並做出正確的推理；必須學會放棄，我們才能免受抵制及怨恨的影響。每次它們都會提醒我們要放棄，直到放棄成為習慣、直到我們擁有強健的神經與堅強的性格。

請允許我完整解釋一下「放棄」這個詞的含義。所有的惱火、抵制與怨恨都會在一定程度上讓我們的身體緊張。如果我們把注意力轉移到拋棄這些緊張上，並真心渴望消除緊張背後隱藏的抵制，就會發現肉體的緊張消失後，精神與心理的緊張也隨之消失。當我們真正拋棄了緊張，我們就能夠接納別人，寬以待人。

　　在我們把自己從別人的奴役中解放出來的過程中，要特別留意一個重要的問題。一個小女孩曾經對老師說：「前幾天生氣時我真的想讓自己放鬆下來，但我越是努力放鬆，就越生氣！」「那時候妳想消除憤怒嗎？」老師問道。「不，我沒有。」女孩立刻做出回答。

　　當這個孩子試圖放鬆下來以擺脫生氣引起的緊張時，只會更加憤怒；越是放鬆，聚集於頭腦中的憤怒對她神經的影響就越大，於是就像她說的「越放鬆越生氣」。後來這個女孩完全明白了，她必須真的想熄滅怒火，才能在消除「憤怒帶來的緊張」後有個好心情。

　　我認識一位總是仇恨某些人的婦女，而仇恨引起的緊張讓她一直處於病態之中。這完全是個感情問題：第一，這些人打擾了她的安寧；第二，他們與她的觀點不同。她的仇恨偶爾會以說些刻薄的話或哭泣的方式得到發洩。發洩完壓抑的情感之後，她會再次封閉自我。如果僅憑她的言行而不仔

細觀察，人們會認為她對每個人都是友善的；實際上她始終處於緊張的病態之中。

如何用其他方式應付內心的緊張呢？如果她生來身體強健，憤恨所引起的緊張不會使她生病，但卻會一點一點蠶食她的健康。然而實際上，由於她天生敏感脆弱，緊張使她久病不愈。

「媽媽，我無法忍受瑪利亞。」女兒對媽媽說。經過詢問，媽媽了解到女兒「無法忍受」的，是瑪利亞與她不同的做事方式。然而，有時候惹人厭的行為與不能忍受它們的人一樣令人討厭。一個專橫而苛刻的人，特別容易被別人的專橫與苛刻惹怒。毫無疑問，她是不會自我反省的。

別人讓我們不安的方式有兩種：第一種是他們與我們在習慣上的不同 —— 包括大事和小事。他們的習慣不是我們的習慣；他們的習慣也許是好的，而我們的習慣也是好的，但是他們「不一樣」。我們為什麼不想看到他們不同呢？除了有意或無意地希望每個人都跟我們一樣，有相同的信仰和舉止這一空洞的理由之外，還有其他的原因嗎？那有意義嗎？

有人說：「我無法忍受某某太太。她坐在搖椅上搖來搖去，搖得我都要瘋了。」但是為什麼某某太太不能搖晃呢？她坐的是自己的椅子，自己在搖自己。為什麼這會觸動我們

的神經呢？

我聽過一百位女人們說：「可是它令我不安，怎樣才能防止它對我的影響呢？」答案是：「從妳的神經中剔除它。」很多女人試過這招並取得了成功。解脫使她們受益匪淺。有時候獲得自由需要漫長的過程，有時卻很短暫；不管怎樣，努力獲得自由會使我們的精神及性格更加強健。

讓我們以搖椅子的女人為例來說明問題。實際上她每次搖晃椅子時你都應該放鬆下來，真正地、有意識地放鬆你的肌肉與神經。不必讓搖椅子的女人知道你在放鬆，你可以在心裡做。透過觀察，你會看到由於抗拒那個女人搖椅子，你的肌肉拉緊了。消除你能察覺到的每一點緊張吧！消除掉最強烈的緊張後，你就能更敏銳地感受到微小的緊張情緒，並消除它們。你甚至可以去找那個搖椅子的女人做練習，以便更快地擺脫抵制別人的不良習慣。

「自找煩惱來消除煩惱」的想法聽起來是可笑的，甚至是荒謬的；但是嘲笑之後認真地考慮一下這種想法，你會發現它是符合常理的。當你學會在坐搖椅的女人面前放鬆自己，你就學會了面對其他煩惱時如何放鬆自己。你已經按照放之四海而皆準的原則在做事，並養成了一個讓你立於不敗之地的習慣。

如果我的朋友邀請史密斯太太吃晚餐，並端上焗豆，以便讓自己從抵制別人舔糖汁引起的緊張中放鬆下來，她就可以征服那種抵制。據我所知，如果不知道如何放棄，就不可能征服那種煩惱。當然，我們希望朋友們不要有任何令人討厭、缺乏教養的行為。但是，不去抵制這些行為，我們就能走遍世界；抵制是無法幫助任何人擺脫煩惱的。

另一種解決辦法是告訴那個女人：搖椅子或舔焗豆上的糖汁，是不良習慣。即使此路不通，至少還可以使自己擺脫她的束縛。別人會讓我們不安的第二種方式更可怕，也更難以應付。某某太太的所作所為可能是極為錯誤的 —— 確實是極為錯誤的；或者某個與我們關係密切的人做了錯事 —— 我們極度渴望糾正他們的錯誤。在這幾種情況下，因為覺得真理站在自己這邊，我們會更加緊張。於是，最難做到的 —— 特別是女性 —— 就是意識到別人做錯事與己無關。

更加難以意識到的是，當我們不再抵制別人的錯誤，並消除這些抵制引起的緊張時，我們就能說明他們意識到自己的錯誤。如果母親不再擔心與抵制兒子的女孩子氣，她就更有可能幫助他成為一個男子漢。

有人會說：「但那會顯得冷漠無情。」事實絕非如此 —— 只有更加積極主動地真心關注別人，我們才能夠從緊張中解放出來。越是真心地愛一個人，就越應尊重他的個性。

其他所謂的愛，僅僅是對占有和我行我素的熱愛，根本就不是真正的愛。它是裹著糖衣的暴政。當兩個裹著糖衣的暴君互相對抗時，這種緊張會很嚴重，也不會有什麼好結果。

羅馬軍隊作戰時，讓每個士兵都擁有一定的活動空間。他們發現每個士兵行動的自由越大，作戰效果就越好，就越有可能征服敵人。這恰好說明了避免讓別人不安的方法：給予每個人廣闊的空間，就會給我們自己留下廣闊的空間。

過度靠近別人 —— 不是過度靠近他們真正的自我，而是過度靠近他們的神經系統 —— 會使別人感到不安。好人之間也會發生爭吵，這僅僅是因為一個人的神經過敏引起了另一個人的神經過敏。放任別人自行其事，直到你完全拋棄他們帶給你的緊張 —— 然後我們就能知道應該做什麼、說什麼，或者不要做什麼、說什麼。這個世界上沒有人能令我們不安，除非我們允許他們這樣做。

第四章　為什麼史密斯太太令我不安？

第五章
令人討厭的家庭成員

「湯米，別那麼做。那會惹你爺爺生氣的。」

「這個嘛，為什麼會惹他生氣呢？我又沒做錯事。」

「我知道，我也不願意阻止你。但是你要知道，如果他看見你那麼做，會是什麼感覺。那會讓我很為難的。」

悶悶不樂的湯米不情願地停了下來。湯米的媽媽看起來緊張、焦慮，而且不滿；湯米的臉則像是一座冒著黑煙的火山。

認真了解之後你會發現，湯米是老人的親孫子，而兩個人的行為以及對彼此行為的反應，卻是互相傷害的。當然，孩子受到的傷害更大，因為老人已經得到生活的磨練。爺爺覺得他愛自己的孫子，而有時孫子也不會承認不愛他的爺爺。也有時候，由於童言無忌，他會說他「恨爺爺」。

但是，這種情況的最糟糕之處在於，儘管媽媽愛兒子，也愛自己的父親，並打從心底認為自己是家裡的和平維護者，她卻一直在煽動對抗。

下面講一個相反的故事。一位上了年紀的叔叔搬到了姪子家住。他是個極度任性且思想古怪的人。姪子和姪媳婦商量了此事。詹姆斯叔叔一定要來，他已經身無分文，沒有人照顧他，他們也拿不出錢來讓他住在別處安享晚年。他們還考慮到詹姆斯叔叔搬來住這件事，對他們和詹姆斯叔叔都是

一場考驗。他們不會假裝高尚地說：「我們當然要做好人，給詹姆斯叔叔一個家。」、「我們這麼做真是太善良了！」詹姆斯叔叔得過來住，因為他別無選擇。這對夫婦的三個任性小孩將與他們共同面對及克服這些困難。他們充分了解到如果能正確對待，這件事只會給孩子們帶來好處；但如果把它當作一個負擔，牢騷滿腹，這個家就會變成「馬蜂窩」。他們達成共識，對詹姆斯叔叔的怪癖閉口不談，靜觀事態發展。

孩子們總是對親戚的來訪感到高興，他們熱烈歡迎叔公的到來。然而不到三天，每個孩子都嚷嚷著說不喜歡叔公，說感覺受到了傷害、感到憤怒。打響戰役的時刻到了。

媽媽把孩子們叫到身邊，面帶笑容地說：「聽著，孩子們，你們覺得我比你們更喜歡詹姆斯叔公的暴躁脾氣嗎？」

孩子們異口同聲地回答：「不，真的看不出妳怎麼能忍受得了，媽媽。」

她說：「聽我說，那你們認為詹姆斯叔公比我們更喜歡自己的吵嚷嗎？」

「要是不喜歡，他幹嘛要那麼做呢？」孩子們問道。

「我不能告訴你們原因，那是他的事，與我們無關。」媽媽說：「但是我可以向你們證明他不喜歡嚷嚷。鮑比，你還記得昨天哥哥意外碰倒你的房子時，你是怎麼朝他嚷嚷的

嗎？」

「記得！」鮑比回答道。

「嚷嚷之後你覺得舒服嗎？」「當然不舒服」鮑比迅速回答。

「好吧，」媽媽說，「你們停下來想一想，你們互相吵嚷的時候是多麼令人不愉快啊！再想想如果你是詹姆斯叔公，你會是什麼感覺？」「天哪！那太糟糕了！」這個十二歲男孩說。

「孩子們，」媽媽繼續說道，「你們都想減輕詹姆斯叔公的不快，你們難道看不出自己的所作所為是在增加他的煩惱嗎？他的暴躁脾氣就像是一個永遠都在疼痛的傷口，不讓他發脾氣就像是觸摸傷口會引起痛苦一樣。盡可能避開他，如果無法躲避他的吵嚷，就像個紳士一樣對他說：『對不起，先生。』然後停止做惹怒他的事，或者盡快躲開他。」

詹姆斯叔公的吵嚷從未減少過，但男孩們像男子漢一樣對他彬彬有禮。這種禮貌變成了一種習慣、變成了理所當然的事，使詹姆斯叔公覺得自己彷彿每天都在呼吸山上的新鮮空氣。夫婦二人意識到詹姆斯叔叔在無意之中將他們的兒子變成了男子漢，世界上沒有任何東西能做到這一點。詹姆斯叔叔還對他們進行了培訓，使他們成長起來，能夠禮貌地對待、包容別人的怪癖。

很多時候，禮貌地對待「令人討厭的家庭成員」會讓我們發現自身存在的、從未意識到的良好且有益的素質。有時候，只要稍微留意一下，我們就會發現自己才是令人討厭的家庭成員，別人一直受到我們的騷擾。令人討厭的因素常常產生於家庭的兩個成員之間。兩個姐妹可能發生衝突，原因通常是她們彼此不同。假設一個女孩視野開闊，而另一個則更關注細節。當這兩個極端的傾向碰在一起，視野開闊的女孩會忽視細節，而視野狹隘的女孩會退縮到瑣碎的事物中。久而久之，兩姐妹變得越來越無法容忍彼此，兩個人越走越遠。但是，如果視野開闊的女孩能從對方身上學會關注細節，而視野狹隘的女孩也能向對方學習，拓寬自己的視野，他們就能彼此調和，兩個生來在性情上互相敵對的女人，最終會成為快樂的朋友。

　　也不乏兄弟間互相衝突的例子，但卻並不引人注目。這是因為男人意見不一致時，他們會遠離對方；而女人好像做不到這一點。出現衝突的苗頭時，應互相遠離；但更好的做法是消除衝突，學會理解與容忍。

　　只要與騷擾我的人生活在一起，我就感到不自在。只有學會與那個人和平共處，我才會重獲自由。我從不透過逃跑來獲得自由。只要別人的存在使我覺得受到拘束，這種感覺就會一直存在。唯一的辦法是把它從心裡趕走，若能得到別

人的配合當然更好。獲得自由的途徑是智慧、容忍與善意，而不是非要得到別人的配合。

「媽媽，坐那個椅子吧。不，不是那個，媽媽 —— 陽光從那個窗戶照進來。孩子們，到一邊去，讓奶奶坐到椅子上。」

這個年輕的女人非常熱切地希望母親坐在舒服的椅子上，免得被太陽曬得難受。她還希望孩子們能讓路給奶奶，使奶奶能舒服地坐到椅子上。

她所有的話都體貼而有禮貌，但是這些話的語調及精神卻與禮貌截然相反。如果有人閉上眼睛傾聽她的語調，而不是理解話語的意義，很可能會認為她在和小狗說話。

可憐的老人一路小跑，坐到了椅子上，那樣子就像一隻受過良好訓練的小狗，隨時聽候女主人的吩咐。顯然，多年來老人的意志被盡職盡責的女兒反覆踐踏，已經蕩然無存。女兒總是想讓母親得到最好的東西，卻絲毫沒有尊重老人的自由意志。

孫子們領會了年輕媽媽話語中的精神，而不是話語本身。他們把奶奶看成是一個尾隨著他們、走來走去的白痴。只要媽媽看著他們，就要對奶奶表現出禮貌與尊重；一旦媽媽的眼睛移向別處，他們就會對奶奶完全不理不睬。

當這個老人被體貼的女兒塞進椅子裡時，我正好坐在旁邊。為了讓她更舒服些，女兒又提出了一些建議。然後老太太扭過頭來，眼睛裡帶著幽默而古怪的神情，用殉道者般溫和的聲音偷偷對我說：「他們以為我什麼都不懂。」

　　後來我們討論了白天發生的事情，這次談話表明「母親」的思想更自由，心態也比女兒更為平和。更深入了解「母親」之後，我懷著興趣開始研究女兒。她習慣性緊張的聲音和行為令人同情。她把母親當成照顧的對象，而不是夥伴；她的過錯在於不尊重別人的靈魂。在面對別人強烈的支配欲時，無論這個靈魂有多麼脆弱，它都有自己堅定的原則；這些原則不應受到女兒的踐踏與打擾。如果女兒不再強迫自己過度照顧母親，並放棄「做老闆」的習慣，她就會把母親當作真正的夥伴，自己也會變成健康快樂的女人。

　　與此相反，有這樣一個令人愉快的故事：某個家庭中的老父親完全喪失了思考能力，變得極度衰老且幼稚。兒女們像對待嬰兒一樣照顧他，懷著尊敬之情愛著他們的老父親。沒有人因為他失去思考能力而感到尷尬，也沒有人因此感到痛苦或悲傷。由於孩子們平靜地對待父親的狀態而不感到羞恥，客人們也都以同樣的方式對待這件事。沒有人想著要把父親藏起來。他坐在起居室裡舒適的沙發上，身邊總是坐著一個面帶笑容的子女。這位老父親沒有成為常見的家庭中令

人討厭的成員。由於子女們的關愛，他帶給孩子們的是滿足與安靜。

經常——幾乎可以說總是這樣——家庭中令人討厭的成員之所以令人討厭（無論她是祖母、母親還是未婚的姑姑），是因為我們對她的態度讓她變成這個樣子。如果我們不再憎恨那位婆婆所做的一切，她就會變得容易相處。

對於那些令人討厭的朋友，如果我們在所有的小事上做出讓步，完美地解決那些基本問題將變得易如反掌。

兒子總是有脾氣的，他娶的妻子也會有脾氣。母親會自私地偏愛自己的兒子，卻因此增加了兒子的負擔。母親認為世上的男人中只有她的兒子有權發脾氣，於是她會原諒兒子而責備兒媳婦。如果夫婦之間發生了小摩擦，兒子就會去找媽媽。母親會說兒子是個殉道者，因為犯了低級錯誤娶了這個妻子，從而忍受巨大的不幸。母親覺得自己在保護可憐的兒子，而實際上卻在本來可能成為相伴終生的兩個人之間製造衝突。

年輕的妻子很快對自己的脾氣感到羞愧，經過努力，實現了自我克制。但是直到婆婆去世很多年後，兒子才發現放棄對妻子的友誼讓他失去了什麼；正是這個喜憂參半的意外重病，讓他認識到自己的錯誤，掙脫自己脾氣的束縛重獲自

由，並開始欣賞自己的妻子。

然而，如果妻子在最初既對丈夫的壞脾氣讓步，也對令人討厭的婆婆的敵視態度讓步，她不但可以贏得丈夫的友誼，也可以贏得婆婆的友誼。

應對令人討厭的家庭成員，最好辦法是在不重要的問題上向他們讓步；在重要的問題上意見不一致時，要堅持你認為正確的原則，但堅持原則時不要持抵制態度。相信你自己的處事之道，也要允許令人討厭的家庭成員保留他們自己的行為方式。把看起來會束縛你的東西變成機會，相信我，令人討厭的家庭成員會成為你的助力。

我相信要想過好日子，每個家庭都應該有一個令人討厭的成員。生活中一切順利，不用說這種和諧很可能是虛假的，一場突如其來的考驗立刻就會使這個家庭陷入紛爭之中。當家庭經歷了紛爭、恢復和諧，生活又會回到原來的狀態。

要容忍令人討厭的家庭成員的存在，歡迎將她留在家庭裡，這樣你不但能成功地拋棄對她的抵制，還能拋棄對她瑣碎生活細節的抵制。她不在時，要主動地想想她那些令人討厭的行為。這時對它們的抵制會一起出現，你便可以當場從緊張中放鬆下來。回家或下樓吃早餐時（因為很多抵制會在

夜晚被拋到一邊），你會以更愉快的心情去面對令人討厭的家庭成員。這一切將自動出現，你會驚訝地發現自己心裡抵制引起的緊張蕩然無存。

　　相信我下面說的話：在不重要問題上做出讓步，只會使你更有力量拒絕放棄原則。但是我們必須永遠記住，要得到真正的和平；當我們堅持自己認為正確的原則時，必須容忍別人持有不同的觀點。

第六章
易怒的丈夫

假設你沒有對丈夫的工作表現出真正的興趣，也沒有對他在工作中的憂慮及責任表示同情以減輕他的緊張焦慮，於是他變得對你不耐煩與憤怒。看起來他希望從你身上獲得一切，卻不肯給予任何回報，你不覺得有點傷心嗎？

我知道有很多女人會說那沒什麼，但是身為丈夫和父親的他與身為妻子和母親的妳，應該從家庭和孩子身上得到一樣多的關注。這在一定程度上是事實，特別是妻子確實需要他的幫助時更是如此。但是，丈夫對妻子家務工作細節的關注，是比不上妻子對丈夫工作細節的關注的。

讀者可能會說：「可是女人的神經系統比男人要敏感，她需要幫助及安慰，需要一個依賴的物件。」我下面的回答可能會讓人感到驚訝，但是充分理解並領悟它，將為很多決定在一起生活的男女帶來根本上的不同。

事實上男人的神經系統跟女人的一樣敏感；但是女人的情緒化往往讓她看起來更敏感。她無法控制自己情感的這一點，最終增加了神經的敏感性，導致她的神經比丈夫更異常。當然，事實並非總是如此。前幾天，一位悲傷的女士哭訴了丈夫的冷酷、不安、易怒、不體貼與無情。痛苦使她的臉緊繃著。她堅持說她不想抱怨，對丈夫深切的愛讓她非常痛苦。她說：「這會要了我的命的，這會要了我的命的。」見過這個場景的人完全會相信她的話。如果壓抑她神經的悲

痛及緊張持續下去，即便不會因精神崩潰而死亡，她也會病倒的。

　　一個朋友靜靜坐著聽她講述。朋友讓她傾訴，直到她傾訴完心中的一切停下來為止。然後透過一系列精心設計的委婉問題，朋友讓這個妻子承認──也是第一次承認──她其實沒為丈夫做什麼，卻又希望他為自己做所有的事情。也許她穿上一件漂亮的衣服，讓他回來時看到自己很吸引人；但如果他沒有注意到妻子變得有多漂亮，卻被房子裡的什麼東西給惹怒了，她就會因為自己未能用魅力取悅丈夫而哭泣。也許妻子做了一頓丈夫特別喜歡的晚餐，而他卻沒有注意到美食，只為一些煩心事勞神費力，她會因為他並不欣賞自己努力為丈夫所做的一切而再次哭泣。

　　這位丈夫確實易怒而殘忍：他對妻子的關心與體貼不比給別人的多；而他的妻子卻不遺餘力地把他的易怒變成火焰，使他更加殘忍。她在心裡把自己當成殉難者。她要求從丈夫那裡得到善意、關心及同情，也正因為她要求得到這一切，所以她從來沒有得到過。

　　不使用專橫的方法，女人也能提出自己的要求。因為丈夫沒有為她做這做那，而遭受情感痛苦的女人要多於憤怒中爆發的丈夫。女人的苛求精神往往隱藏在多愁善感之中，男人的苛求精神表現在毫不掩飾的壞脾氣上。兩者同樣糟糕、

同樣令人厭惡。

實際上，透過苛求來獲得別人的仁慈根本是不可能的。仁慈、體諒與體貼自然產生於男人的內心，妻子是不能用苛求來強迫男人這樣做的。

本文提到的這個女人發現，自己一直都在要求得到丈夫本應給她的東西，因為丈夫沒有做到這些而讓她自己深陷痛苦之中。除此之外，她也沒有付出過一點努力去耐心且安靜地等他醒悟過來。意識到上述問題後，她開始了新生活。她是個聰明又勇敢的小女人。她了解到自己的痛苦來自於對丈夫令人惱火的自私行為的抵制，於是她停止了抵制。

這是個長達數天、數週甚至數月，艱苦的長期抗爭，但是它卻能帶來幸福的回報。如果男人脾氣壞、愛發火，而妻子卻能做到不用憤怒與痛苦來抵制，那麼他的壞脾氣及易怒就會反作用於他自身。如果他不是無可救藥的，就會開始真正意識到易怒的本質。這就是那個男人身上發生的一切。當妻子停止提出要求時，他開始給予。當妻子的神經平靜下來時，他的神經也平靜下來了。

最後，妻子發現他的易怒多半是由於工作中的緊張與焦慮引起的，但是他卻從未向她提起過，因為「那不是他的做事方式」。

持之以恆地依靠意志來消除無用的情感及對別人的抵制，並逐步控制它們，是使我們的神經變強健的最有效方式。這位妻子做到了這點。有一天丈夫詳細講述了工作中的煩惱。正如兩個商人相遇時不會表現出喜悅與驚訝一樣，夫婦二人的心悄悄地走到了一起。她把丈夫所有好的變化當作是理所當然的。

後來有一天她輕鬆自在地談起了過去，那時她發現丈夫總是害怕回家。事實是，他害怕自己動不動就發火，也害怕妻子情感上的苛求。但他並不知道這個事實 —— 他不知道究竟是怎麼回事，只是模糊地知道自己是個殘忍的人，或者說像個殘忍的人，卻不知道怎樣才能改正錯誤。妻子知道他是個殘忍的傢伙，同時堅信自己是個痛苦的殉道者。丈夫害怕回家，而妻子也害怕丈夫回家 —— 他們陷入一場永無止境的惡夢之中。現在，他們已經把惡夢遠遠地甩在了一邊，成為對方可以完全信任的朋友，兩人的感情也日漸加深，步入正軌。

結婚典禮並非婚姻的全部，它只是婚姻的開始。婚姻是一個漫長的、需要小心翼翼進行調整的過程。跟大家講一個與此相反的例子。有一對夫婦，從各方面看幾十年的婚姻生活都是幸福的。他們顯然是親密的朋友。丈夫是個非常容易激動、性情古怪的人；妻子則主動調整自己，放任丈夫保持

自己獨特的脾氣，並努力避免與他發生衝突。沒有女人能一直進行這種實際上是不恰當的自我調整，最後這位妻子的神經徹底崩潰了。

當神經變得脆弱時，我們就無法壓制身心健康時能控制住的抵制情緒。在縱容及保護丈夫的獨特脾氣時，這位妻子也在下意識地抵制它們。生病時，她下意識的抵制就表現出來了。她對丈夫變得不耐煩起來，這讓她感到奇怪。隨著妻子病情的加重，他再也找不到往日妻子的關愛所帶來的舒心感覺了。他非但沒有幫助妻子康復，反而拋棄了她，去向另一個女人傾訴。最後，兩個人神經系統的衝突和摩擦達到了危險的程度；兩個人同樣的倔強，最後只能分手。妻子心碎而死，而丈夫可能要在精神病院度過餘生。

正是他們對自己和對方神經的不當處理，導致了這些可怕的後果。最初他們的愛看起來是真實的，如果他們真的調整自我，這種愛一定會變成真愛。最可悲的是，他們以各自特有的方式調整自己，就是為了做個樣子給朋友看，因為婚後的最初幾年，朋友們經常拜訪他們家。

疲憊的神經可能使男人自我封閉，或者使他易怒、愛抱怨及脾氣暴躁；而女人則傾向於易怒、愛抱怨和哭泣。當然，如果兩個人都自私地只顧自己舒服，就不能指望他們理解對方。男人認為他完全有理由對妻子聲淚俱下、討人嫌的抱怨

感到憤怒，在某種程度上他也是這麼做的；女人覺得自己有權因為丈夫討人嫌的壞脾氣感到痛苦。事實上，我們無權抱怨對方，每個人都應該先做好自己的事情。

人性沒有這麼壞 —— 它的本質根本就不壞。要是我們能給別人一個機會就好了！正是我們對別人的逼迫與苛求扼殺了人性中最美好的東西，使我們在充滿淚水的緊張中生活。只有消除對別人的抵制，我們才能按照正確的原則，而不是出於自私情感所提出健康的要求。有的女人用一種母性的溫柔輕蔑地談論丈夫。這一定會深深地刺痛男人的神經，引起極為強烈的憤怒。可是我聽過好女人一次又一次地這樣說話。在這種情況下，談話中的溫柔與母性絕非真實，而是用來掩蓋她們優越感的工具。她們可能會說：「可憐的男孩，可憐的男孩。男人真的和孩子一樣。」男人可能真是如此 —— 他經常會孩子氣，有時候極度地孩子氣。但在孩子氣方面，世界上還有比女人失控的情感更強烈、更可憐的東西嗎？

要讓丈夫成為自己的朋友，或者做他的朋友，女人必須尊重他的男子氣概。無論在表面上顯得多麼自私、不安與易怒，在內心深處她都要堅持這一信念，使其保持生機與活力。妻子還必須知道他的神經系統和自己的一樣敏感。有時候丈夫的神經更敏感，因此應該受到尊重。不要要求什麼，也不要指望獲得什麼，而應在心裡把他當成最棒的男人，靜

靜地等待。

　　因為丈夫表現出焦慮且對家庭事務不感興趣而困惑的女人，如果能堅持運用上述原則，必將得到很大的收穫。人為製造幸福、和諧的婚姻生活是不可能的！如果每個人都反省自我，做好份內的事並願意等待對方，我們就會獲得幸福與和諧，有更好的工作能力，就能開心地玩耍——這一切都會來到妳身邊；當我們擺脫了干擾，它們就會變得真實而生動，在不遠處等著我們的到來。

　　有位目光中帶著悲傷與渴望的妻子對朋友說：「為什麼我丈夫回家後不願意跟我待在一起？為什麼我們不能一起擁有美好而溫馨的時光？」

　　丈夫（順便說一句，他有點像豬）對同一個朋友說：「我願意在晚上多陪陪內莉，可是她總是談論她所擔憂的事，她對家庭的擔憂簡直是杞人憂天。因為臨街的一個男孩得了麻疹，她就確信喬治會被傳染上。她總是覺得我們的孩子缺乏人家孩子的優點及良好的舉止。她不是說這個，就是說那個；只要我們單獨待在一起，她就總是在抱怨。她最後抱怨的是她的自私。」說完他笑了，因為他自認講了一個有趣的笑話。五分鐘之後，他就完全忘記了自己的妻子。

這位妻子試圖以一種弱不禁風、略顯自私的方式表達對丈夫的信任，而她對自己自私的抱怨是真實的。她需要他的幫助以擺脫自私。如果丈夫給予妻子，哪怕只有一點點關注，並告訴她如果談話一開始就發牢騷，兩個人是沒辦法討論孩子問題的，那麼妻子就能從中受到啟發，他們就能更好地交流。如果妻子發現辛勞了一天的丈夫回家時已經又累又緊張，若她能以輕鬆愉快的方式談論一些常見話題，盡可能談他感興趣的東西，他的神經放鬆下來之後，就會願意並能夠在孩子的問題上給她一些幫助。

　　有趣的是，如果每個人都先承擔起自己的責任，就能夠減輕別人的負擔，別人也會反過來幫助我們。

　　發現丈夫「焦慮不安、易怒」的妻子應該注意：男人和女人的神經同樣敏感。女人只要堅持不懈地承擔起自己的責任並解決自己的問題，就能減輕丈夫的負擔，並幫助他解決問題。這是讓他跟妻子一起分擔彼此負擔的最好辦法。

　　但是要記住，放任另一個人的自私並靜觀其變，與做出讓步並耐心地等著他發現自己的自私，進而自願做出無私的舉動，是完全不同的。

第六章　易怒的丈夫

第七章
安靜與長期亢奮

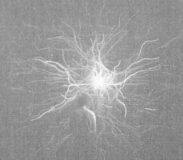

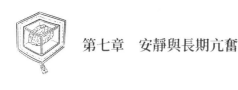

有些女人長期生活在亢奮狀態中，直到生病才發現這個問題。痊癒後她們仍然無法發現這個問題，結果病情更加嚴重了。

容易亢奮的女人，與那些認為必須保持亢奮才能做好工作的男人，是完全一樣的。壞習慣一旦養成，如果讓我們暫時放棄它，我們就會覺得不自在 —— 重新撿起習慣，我們就感覺自在了 —— 但它仍然是毒藥。

假設某個女人習慣不停地用鼻子用力吸氣，或清嗓子，或搖動搖椅，或者對自己身邊的任何人喋喋不休。如果突然讓她停止這些習慣，她會感覺不自在、很彆扭，然而毒害的過程仍然在繼續。

如果認為保持習慣的狀態無關緊要，我們就大錯特錯了；最糟糕的是我們對此一無所知。

我曾經帶著一個朋友去了鄉村。她是那些每天都在亢奮中度過的女人之一。早上穿衣服時，她把亢奮也穿在了身上。她在亢奮中下樓吃飯，在亢奮中做著那些最單調乏味的日常工作。生活中的大小事情都讓她亢奮。只因為亢奮，而不是其他什麼原因，她上床時已疲憊不堪了。

我們深入到叢林和群山之中，四周一片祥和寧靜。

剛到那裡，我的朋友很興奮，她對那裡的房子和居民很

感興趣。但是半夜她從床上彈了起來，痛苦地呻吟著。

我以為她突然生病了，於是迅速從床上爬起來看個究竟。

她呻吟著說：「哦，哦，安靜，太安靜了！」當她那始終處於亢奮狀態的大腦進入安靜的環境後，她感到劇烈的頭痛。

幸運的是，這個女人懂一些常識，我可以逐步地向她說明道理。按照我的要求去做之後，她放鬆了下來，變得堅強而安靜。

還有一個女人，她一直都穿著一雙把腳趾擠在一起、很緊的鞋。當她第一次穿上寬鬆的鞋子，腳部肌肉的疼痛使她幾乎無法行走。

由於腳一直處於被擠壓到不正常的緊張狀態，讓它自由伸展、重獲自由的過程必然引起疼痛。

如果你連續數週、數月或者數年緊握拳頭，鬆開拳頭以便自由使用手指，將會引起巨大的痛苦！

這個道理適用於緊握的拳頭、被擠壓的腳和被亢奮搞得緊張的大腦。

從不正常到正常的過程總是痛苦的。保持不正常狀態意味著盲目、意味著一直限制自己的力量、意味著死亡。

　　擺脫不正常的狀態回到正常的環境中，以正常的方式生活意味著耳聰目明、意味著不斷增加自己的力量、意味著嶄新的生活。

　　這種容易興奮的習慣不僅會使大腦緊張，還會影響整個身體。如果某個器官不如其他器官強健，興奮的影響最終就會在它身上顯現。女人可能患上消化不良，或者因為某個器官出現問題而大量服藥。毫無疑問，原因在於她生活中那充斥著喧鬧、興奮和緊張的習慣奪走了她身體的活力。

　　就像是一個司機把燃料撒了一路，當引擎因為沒有燃料而停止運轉時，他竟然感到奇怪。我們都是愚蠢的女人──我們中的大多數人是這樣的。

　　很多人都養成了容易激動的不良習慣，而自己卻渾然不知。

　　為了健康，我們要檢查一下自己，想辦法擺脫這個壞習慣。這不僅有益健康，還很有趣。

　　如果安靜的樹林或其他任何安靜的地方讓我們不安，我們的狀態無疑是不正常的。這種情況下，就應該盡量多去樹林，直到覺得自己與那裡的寧靜融為一體。

　　如果我們走進樹林後安靜了下來，而走出樹林後又變得煩躁、激動，樹林中的寧靜祥和與日常生活的煩囂喧鬧之間

的反差令我們痛苦不已，這就說明我們生活在不正常的激動之中，應該著手擺脫這個不良習慣。

讀者可能會說：「那太好了，但我身邊的人都生活在激動狀態之中卻對此一無所知，我該怎麼辦？」

如果你已經下定決心並願意堅持不懈，我可以給你一個祕訣。我保證任何一位鍥而不捨直到成功的女士都會對我感激不盡的。如果最初制定的目標是每天用 5 分鐘時間讓自己安靜下來，即使過了若干天卻毫無結果也不要降低標準，更不要灰心喪氣。

剛開始，你會對安靜感到非常陌生，它會讓你苦惱或非常緊張，但是只要堅持到底，回報將是痛苦的好幾倍。

有時候心情平靜下來有助於使身體平靜下來。當我們把注意力集中到讓身體放鬆下來時，這種專注會反作用於大腦，於是我們就能平靜地思考問題。每個人都必須確定哪個是讓自己平靜下來的最好辦法，下面有幾個訣竅供你選擇：

1. 靜臥，盡可能平靜地呼吸。

2. 靜靜地坐著，將頭向前伸並非常緩慢地下垂，直到不能下垂為止。然後非常非常緩慢地抬起頭，想像自己是從脊椎底部出力推動頭向上抬。如果能想像推動力是逐漸加大的更好，這樣當你抬頭時，就能感覺到沿著脊椎緩

慢上升的、越來越輕柔的動作。挺胸使頭部能舒服地抬起。緩慢而安靜地呼吸一次之後再次把頭低下。你可以每 5 分鐘做 2 次低頭—抬頭練習。一段時間之後，每 5 分鐘做 1 次低頭—抬頭練習，然後用 2 分鐘時間做緩慢的呼吸。

當你把頭降到最低位置時，保持靜止不動 1 分鐘，並感受頭部的重量。然後從脊椎的底部出力開始非常緩慢地抬頭。注意不要憋氣，頭部運動時要留意呼吸狀況。

如果這個練習使脖子的後部或脊椎的某些部位疼痛，不要擔心，繼續進行練習。疼痛很快就會消失，你也將感到很輕鬆。

頭再次完全抬起時，靜靜地保持這個姿勢 —— 先輕柔而緩慢地呼吸，然後減少每次呼吸的時間，直到恢復到正常呼吸狀態。最後徹底忘掉呼吸，靜靜地坐著，彷彿你從未移動過，也沒想過移動，將來也不會移動。

這種練習的目的是讓你體驗大腦自然安靜的狀態，從而對非安靜的狀態更敏感。

由於已經養成無故興奮的習慣，此時你無法自己擺脫亢奮狀態以完成練習。你甚至無法在中途停下來，然後接著完成練習。但是你可以回憶做練習時留在大腦中的印象，以此

趕走興奮並獲得真正的力量。

漸漸地，亢奮的狀態就像是大風天的沙塵暴一樣令人討厭，而安靜的狀態則像在六月最好的一天待在山頂的樹下一樣令人愉快。

問題是我們很多人生活在沙塵暴中，卻從來沒有意識到六月天的存在。但如果我們幸運地有一次，甚至兩次機會在塵土的刺激下打了個噴嚏，從而發現它是令人討厭的，那麼就會認真尋找擺脫它的方法。

從那時起我們開始獲得真正的安靜。這種安靜才是每個人正常的生存環境。

只有堅持不懈才能養成安靜的習慣。值得擁有的東西值得我們去做 —— 越值得擁有，就需要付出越艱苦的努力。

神經使我們養成各種習慣，不僅讓我們養成在塵土中生活的習慣，我們身邊人的神經也會讓他們養成同樣的習慣。因此，第一次進入潔淨的空氣中，我們甚至會不喜歡它，匆匆地返回到塵土中，因為我們和我們的朋友習慣於生活在塵土之中。

必須與那些壞習慣抗爭、征服它。在此過程中會有很多困難，但回報是值得的。我希望在後面的文章中證明這一點。

記得有一次我走在擁擠的馬路上，人群在我身邊匆匆地走動，每個人的臉都是憔悴而緊繃的，看起來所有的人都不開心。突然間，我意外地看見一個面容平靜的人向我走來，他平靜的面容像是颶風中的一點點沉寂。就穿著舉止而言，他是一個普通人，容貌一點都不出眾；但他的表情卻充滿了平靜，與自己身邊的人形成了鮮明的對比。他並沒有思考什麼 —— 他是人群中的一員，滿懷興趣地忙著觀察周圍的一切。

他可能會說：「你們這群笨蛋，都在瞎忙什麼？如果放鬆下來，你們會感覺很好。」如果他真是這樣想的，這種想法一定來自於善意的幽默感。他讓我重新認識存在於這個世界和成為它的一部分，各自意味著什麼。

如果你存在於這個世界，你可以去生活，去觀察，去更好地參與其運轉。

如果你變成了它的一部分，無論對自己還是別人擺出什麼樣的姿態，你都不過是旋轉的灰塵中，一粒小小的塵埃而已。

第八章
過度強調疲倦感

「我太累了，太累了──上床睡覺時累，早上起床時累，無時無刻不累。」

很多女人──成百上千的女人──不停地這樣對自己和別人說。

這完全是真的；她們無時無刻不感到疲憊，她們確實上床睡覺時累，起床時累，整天都覺得累。

如果她們知道正是自己不停地在心理上強調疲憊，大大地增加了疲倦感，如果她們把注意力轉向減少而不是增加疲憊，就能消除大部分疲倦感。

這些女人如果掌握了正確方法，就能夠把更多的精力放在休息上。我將在本文中介紹如何避免強調疲倦感。按照我說的做，就會有好結果。

晚上上床時，無論多累，都不要想著自己有多累，而要想能上床休息是一件多麼好的事情啊！

最初你或許會覺得這很荒謬。你可能對自己說：「多荒謬啊！即使在床上躺一兩個星期都不能讓我得到充分休息，而我卻只有短短一個晚上。」

我的回答是：如果只有一個晚上能用來休息，就應充分利用這個晚上。上床時還強調疲憊只會使你死死抓住疲憊不放。

這就像你走進沼澤地，然後孤零零地坐在上面說：「像我這樣不得不坐在漆黑、泥濘的沼澤裡多可怕啊！」儘管眼前就是乾燥的土地，你卻仍待在沼澤裡，不做任何離開的努力。

你可能會說：「當我陷入疲憊的沼澤時，我面前根本就沒有乾燥的土地，根本就沒有。」

我會回答說：「乾燥的土地比你想像的要多 —— 只要你願意睜開眼睛 —— 要睜開眼睛你就必須做出努力。」

對於那些第一次知道正確方向的人來講，這種努力的結果有時看起來是很奇妙的。

當我們已養成強調疲憊的習慣時，要擺脫它最初需要付出極大的努力。漸漸地這個過程變得越來越容易。最後，我們完全擺脫了它，養成了盡可能去休息的習慣。

「我很累。是的，我真的很累，但我要上床休息了。」我們必須用堅定的語氣對自己說這些話、必須思考這些話的涵義。

當一天結束到了休息的時候，我們有一百種勸說自己休息的方法。

對大多數人來說，消除抵制是一種必不可少的方法。任何對疲憊的抱怨，無論是在我們心裡還是向別人訴說的抱

怨，都充滿了對疲憊的抵制。而對任何疲憊類型的抵制都會相應地強調疲憊本身。

這就是為什麼我們最好對自己說：「是的，我很累，我累極了，我願意累。」

用意志消除疲憊所導致的神經與肌肉緊張時，我們可以更加意味深長地對自己說：「我上床休息了。」

有人可能會說：「那對一般疲憊的人有效，但卻不能為我帶來任何好處。我累得連嘗試的力氣都沒有了。」

我對此的回答是：越累就越需要嘗試一下，這會使實驗更有趣。

大腦放棄思考疲憊問題的過程對你來說也是全新的感受。

越是疲憊，就越是要聰明地運用自己的意志，最大限度地減少疲憊。

誰會在乎簡單容易的遊戲呢？誰會在乎不費吹灰之力就能獲勝的遊戲呢？

真正喜歡遊戲的人最鍾愛的是有難度的好遊戲。勝利後，你會覺得真正取得了某種成就；即使沒有獲勝，至少學會了在下次、下下次或者某個時候獲勝的訣竅。真正熱愛遊戲的人都想堅持不懈，直到他征服了遊戲，成為高手為止。

醒悟吧！要知道在人生這場最大的遊戲裡，需要你鼓起同樣的勇氣，表現出同樣的興趣。

沒有幾個人想單純當旁觀者；只有參與遊戲並遵守遊戲規則，我們才能真正參與到遊戲中。

很多人不知道遊戲規則，而我們的任務就是去找到它們。

更多的人認為如果制定自己的遊戲規則，忽略那些我們不知道的，和不利於我們的一般規則，我們就能更好地玩遊戲。

但那絕不會產生作用的。

它只在某些時候好像產生了作用；儘管常識一次又一次地告訴我們，按照自己的想法玩遊戲將一無所獲，奇怪的是，還是有很多人努力地按照自己的方式而不是遊戲規則來玩。

真奇怪，身邊明明有一條康莊大道可走，很多人卻為了穿越叢林而在這個或那個方向上盲目地亂擠亂撞。

大多數人不知道自己的能力，因為我們寧願待在溝渠裡抱怨。

力量能產生力量，只有聰明地、堅定不移地運用現有的能力，我們才能獲得更大的能力。

第八章　過度強調疲倦感

第九章
生病的原因與康復的方法

對於忙碌的女人來說，疾病是最可怕的事情之一。當一個女人必須養家糊口時，疾病就變得特別可怕了。我們幾乎可以直接理解為疾病越多，食物越少。

有時候女人會突然身患重病，甚至來不及考慮是否有食物或棲身之處。她要麼得到照顧，要麼死亡。

於是丈夫必須面對困難。這造成麻煩的小病，足以讓她待在家裡 1 週或 10 天，剝奪了她本應得到又非常需要的工資。

這是讓人難以忍受的疾病。

很多女人都得過這樣的病。疾病日復一日地糾纏不休，最終使她蒼白而虛弱，上班後沒有力氣做事。

由於每天強迫自己工作，她的體力恢復得非常緩慢，以至於恢復過程像是在經歷一場新的疾病。

教你幾個應對疾病的小竅門。如果持續按照竅門的要求行事，你不但能縮短患病時間，還能使康復變得容易。這樣當你恢復健康重返工作崗位時，就會變得比生病前還強壯。

患上小病時，如果能從容地應對，疾病就會變成一次休息，病人的感覺會更好，甚至會比生病前更健康。

很多人都有這樣的體驗。其中一些人遇到朋友時，對方可能會幽默地說：「你好嗎？你看起來氣色真好 —— 你一定

剛生過病！」

生病時，如果能牢記「自然規律總是引導我們恢復健康」的話，我們就會認真研究如何滿足自然規律以治療疾病。

我們要安靜地休息，直到自然規律引導我們恢復健康為止；這樣疾病就能讓我們得到很好的休息。雖然疾病使體能下降，但我們仍能感受到休息對疲勞的器官所產生的積極影響。

得到休息的器官說明處於紊亂狀態的器官恢復活力，因而痊癒後我們看上去很健康、自我感覺良好，不會因為耗費了時間而遺憾，可以隨時投入工作中來彌補經濟上的損失。

當然，問題是如何滿足這些條件以獲得滿意的結果。

首先，不要煩躁。

有人會說：「當我每天都在損失錢財，不知道自己還要在床上躺多少天時，我怎麼能不煩躁呢？」

我會這樣回答：如果你願意用常識去判斷，很容易就能意識到煩躁所引起的緊張，正嚴重影響著你的康復。因為當你把精力都用在煩躁上時，實際上是在消耗本應直接用於治病的精力。

不僅如此，煩躁引起的緊張會加重病情、阻止你康復。

當我們了解到這個事實，為了康復而停止煩躁就會變得易如反掌。

無論我們認為自己有多少正當的理由，為疾病而煩躁都是一種南轅北轍的做法。

停下來想想吧，那不是事實嗎？假設有一個被別針刺痛的男孩。因為疼痛他又踢又叫，不停地扭動身體。結果媽媽小心翼翼地花了 5 分鐘找到並取出別針。如果孩子靜止不動，媽媽在 5 秒鐘內就可以解決問題。

當自然規律的力量堅定地尋找並取出使我們生病的別針時，其道理和上面的小故事是一樣的。我們的煩躁與焦慮使她用 10 天或 20 天時間去完成本來 3 天就能完成的工作。

為了消除煩躁，必須下定決心去思考、去感受、去行動，這樣我們就能在最短時間內走上健康之路。

必須消除煩躁引起的肌肉緊張，使我們能放鬆地躺下來，等待身體裡正在產生治療作用的力量幫助我們康復。

我們可以依靠意志來完成任務。

如果能正確理解藥物與消除焦慮這兩種治療方法的涵義，人們會毫不猶豫地做出選擇。

之所以先談煩躁問題，是因為它通常是妨礙健康的最主要因素。大多數疾病都存在循環不良的問題。應竭盡全力打通循環通道，這樣身體其他部位暢通的循環就能拓寬患病部位的循環通道。煩躁引起的緊張進一步妨礙循環，因此會加

重病情。

　　一旦我們依靠堅強的意志消除了煩躁，完全依靠自然規律的力量治癒疾病，我們就可以興致勃勃地去研究如何滿足其他條件。只要治療需要，我們可以適度呼吸新鮮空氣，吃營養的食品，沐浴和正確地服藥。

　　因此，應盡我們所能去協助自然規律，而不是干擾它。當自然規律與醫療實現和諧統一時，健康就會迅速來到我們身邊。

　　當疾病帶來諸多疼痛與不適，努力擺脫疼痛引起的緊張，與消除煩躁引起的緊張，具有同樣的功效。

　　患有上述疾病的人若能找到一個真正的好醫生或好護理師，僅僅看一次病就獲得了全部指導，然後嚴格遵循醫囑行事，那麼也許只需看一次病就能得到很多倍的回報。

　　本書主要是寫給健康的人看的。

　　我們不能苛求生病的人能馬上開始採取積極治療的態度，儘管他們能做到。如果那些健康、強壯的人讀完本書後，能充分理解這種應對疾病的方法，將它銘刻在潛意識裡，那麼他們不幸生病時，就能利用這些知識。此外，他們還可以想方設法幫助別人使用這些知識。

　　認識到事物發展變化過程中蘊含的常識後，如果沒有機

會自己使用這些規則，我們還可以用它們去幫助別人，這會
使我們覺得獲得了真理。如果我們的建議被別人採納，並在
實踐中證明是行之有效的，這種獲得真理的感覺會更強烈。

第十章
體育教育對女孩有益嗎？

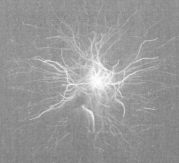

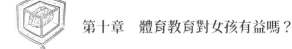

　　很多女人正在觀看一些高中女生打籃球。中場休息時一個女人對旁邊的人說：「妳看那個仰臥的女孩像不像笨重的沙袋？」

　　旁邊的人回答：「像。」

　　「她為什麼要在太陽底下那樣做？她的樣子看起來笨重、懶散而遲鈍。別的女孩都在歡聲笑語中盡享美好時光。」

　　旁邊的女人說：「妳等著看她的比賽吧。」於是她們等著看比賽。令人驚訝的是，那位中場休息時仰臥的「懶散而遲鈍」的女孩是賽場上最活躍的選手，她成了球隊獲勝的法寶。

　　比賽結束後提起話題的女人驚訝地問朋友：「妳是如何看出女孩的目的的？」

　　朋友說：「哦，我認識這個女孩。我們都讀過吉卜林的《馬爾他貓》。還記得那些好馬嗎？牠們為了在比賽時精力充沛，在賽前垂著頭，像累壞了一樣。吉卜林在書中嘲笑了那些賽前昂起頭、四處亂踢，看起來動作敏捷的傻馬。妳還記得比賽的結果嗎？」

　　「不，我沒讀過這個故事。但今天我確實從妳的觀點得到了證實。我馬上就讀《馬爾他貓》。我還想跟那個熟練運用訣竅的女孩談談。」

　　朋友說：「小心點，千萬不要向她提起訣竅的事，這會使

她的注意力集中到自己身上，別讓她輸掉下場比賽。那樣的訣竅只有在自己沒有意識到的情況下才能發揮作用，不要談論它們。」

於是，這個女人只是祝賀女孩的球隊獲勝，對她在比賽中所發揮的作用卻隻字未提。她發現了一條規則：休息時你越能變得懶散消極，運動中你就越是機敏、有力。好馬當然知道這一點，我們人類也必須認識這條規則。

讓我們更深入地研究這位有趣的籃球選手吧。她的肌肉是否發育良好？是的，非常好；各部分肌肉是否得到均衡的鍛鍊？是的，棒極了；她會去健身房鍛鍊，還是對它不屑一顧？她每週定期去 2 次，總是玩得很高興。但是她和班級裡的大多數女孩不同之處是：珍，我們姑且這樣稱呼她，把去健身房看成是達到目的的手段。她發現在那裡，身體能得到均衡的發展。這種均衡的發展使她能更好地行走、更好地玩耍、更好地工作。在健身房她練就了強健的體魄，便能以積極樂觀的態度做好生活中的每件事。她去的那家健身房，除了總是以練胸肌作為訓練的開始外，其他方面都與眾不同；課程學員永遠不知道下一步要做什麼。在一個半小時的訓練過程中，他們的精神總是處於警覺狀態，訓練中如果不專心就會犯錯或落後。伴隨肌肉運動、有益健康、高度集中的精神活動使身體充滿了活力。

這個女孩在健身房學到了另一個訣竅：把注意力只集中到需要使用的肌肉上。你曾經非常用力地緊握拳頭以至於拳頭都張不開了嗎？如果沒做過，嘗試一下吧。緊握拳頭時，全身要放鬆。你會發現身體越放鬆，拳頭就能握得越緊，因為所有的力量都集中到了一個方向。一個健壯的男人用力幾分鐘，也只能在一般體質的女孩這樣握拳的手上留下一些印痕。這個例子清楚地說明了消除干擾因素是最有效集中注意力的方法：把精神或體力集中到需要它們的地方。

很多女孩在健身房裡對自己說：「我不能做那個。」這是在錯誤地使用大腦。大腦中充滿了這種想法時，就無法接收正常狀態下所能獲得的種種資訊，最終導致笨拙、緊張而不準確的動作。如果大腦和肌肉都是放鬆的，其中一個器官接收的資訊能讓我們正確使用另一個器官，並做出正確的動作，那麼我們就能在適當的時間讓肌肉適當地拉緊，而不會使自己的神經過度緊張。

有人說得好：「我們在健身房裡想要的是鍛鍊，而不是過度疲勞。」

只有以這種態度訓練女孩，她才能得到真正的鍛鍊。

這位籃球選手還學習過鍛鍊後如何休息。因為吉卜林作品中好馬的故事激發了她的興趣，所以鍛鍊後休息的方法對她來說特別有吸引力。她得知在大量的運動後，血液會在全

身快速流動。這時應該放鬆下來，保持循環通道暢通。血液循環暢通無阻，就能更有效地帶走廢物、就能獲得鍛鍊的全部效果。大量運動鍛鍊後，要想獲得最佳效果，不一定非得躺下來放鬆身體。如果在鍛鍊後坐著，應該放鬆地靜坐。如果從健身房走回家，你應該輕鬆自如地走，挺起胸膛，用後腳腳掌推動腳步，步伐要平衡、有節奏。無論是在健身房內還是健身房外，這都是坐跟行走的最佳方式。因此，大量運動鍛鍊後要努力做到平衡地坐跟行走，保持良好的坐姿與走路姿勢。

我們學校裡有一位認識的教授。女子學院授予他一個教授職位，而他認為女性的頭腦不會做出反應，所以拒絕了該職位。講課給女學生時，他發現無論她們看起來聽課有多麼認真，就是對老師講課沒有反應；她們沒有任何回饋。

當然，並非所有女孩都是如此，這位教授也認為並非所有女孩都是這樣。但讀了這件軼事的人只需稍做研究而不是因此憤慨，就會發現這對於一些女孩來說絕對是事實。並且進一步思考，我們就會明白這不是女孩的錯。一百年前人們不希望女孩思考。我還記得一位非常聰明的老太太跟我講關於她媽媽的故事。當她還是小女孩時，有一次媽媽認為她犯了錯。她覺得媽媽不公正，戰戰兢兢地說：「但是，媽媽，我認為……」

媽媽嚴厲地警告說：「亞比該，女孩子家有什麼好認為的。」

一百年前，只有非常優秀的女孩才真的去思考。現在我們正逐步朝每個女孩都思考的目標前進。毫無疑問，不久之後全班的大學女生都會養成對老師講課做出反應的習慣，這樣任何為她們講課的男老師都會覺得她們充滿了生機與活力。

有些女孩的大腦沒反應，這一點在很多事情上都有所表現。大多數找神經專家的女人認為她們應該安靜地坐著接受治療；而來看病的男人則會做出反應，更聰明地做好自己應做的事。結果男人的神經只用了一半時間就放鬆下來了，而且能繼續保持放鬆的狀態；可是女孩常常只能放鬆一點點，然後再次陷入緊張之中，直到神經專家幫她們真正做出反應，逐步恢復並保持健康。我提供這個資訊是想激勵女孩挖掘潛力，因為只要生來具有正常思維的女人，有意識地主動養成新的習慣，她就能夠對自己聽到的東西做出不同程度的反應。

現在的問題是女孩不能做出正確的反應，而體育教育也不能培養她們這種能力。體育教育應該是達到目的的手段──絕對只是手段。當體育教育被當成是達到目的的手段時，它能使我們快樂、強壯；當它本身被當作目的時，我幾乎可以說它只會讓我們變得虛弱。

女孩應該正確對待體育課。有多少女孩僅僅為了趕時髦而上體育課，卻從未想要去鄉村長途散步，也從未想要做一些充滿活力的戶外活動？有多少女孩上了體育課，卻從未想過為了保護胃而讓生活更輕鬆些，或者保證正常的睡眠時間？在新鮮的空氣中鍛鍊，由衷地對身邊發生的一切感興趣是最好的鍛鍊方式。體育教育意味著我們能進行更多的戶外鍛鍊，提高鍛鍊的品質、延長壽命；否則，它就沒有任何意義了。我想起了一個女孩，她的情況極具代表性。她在健康狀況極差的時候去找神經專家。當被問到是否進行很多戶外鍛鍊時，她回答說：「是的。」這些鍛鍊是最棒的。她有一匹好馬，而且她騎得很好；她經常騎馬，但又不過量。她有幾隻可愛的小狗，她經常帶牠們出去。她還在美麗的鄉村散步。但她卻時時刻刻想著生活中的煩惱，不知道如何消除它們。日復一日，她甚至連走路和睡覺時都處於精神緊張的狀態，結果連戶外運動都無法讓她恢復精力。這說明只有學會如何面對生活中的這些煩心事，體育鍛鍊才能發揮其良好作用。

　　良好的、充滿活力的體育鍛鍊能徹底消除很多精神抵制與壞心情，使我們的心情非常舒暢，以至於我們會懷疑自己是否曾有過那些不健康的想法。

　　精神發揮作用時，身體就會做出反應；身體發揮作用時，

精神也會做出反應。當然，從根本上講，這一切都表明了人們對正常狀態的真正渴望，或者表明人們缺少這種渴望。

如果體育教育不能使我們熱愛戶外運動、熱愛散步或爬山；不能讓我們更自由地散步或爬山、輕鬆地在戶外做運動，以至於我們完全忘了自己身體的存在，只去享受我們所看到的一切，覺得活著真好的話 —— 那麼體育教育就只是沒有用的擺設。

下面介紹一個關於爬山的有趣竅門。這個竅門能使爬山成為更有趣、更有益健康的運動。如果開始爬山不久 —— 當然，剛開始的時候你應該像笨重的大象一樣緩慢地爬 —— 你就變得上氣不接下氣，那麼就讓自己保持這個狀態吧。你甚至可以比剛開始更用力地呼吸，以強化這種狀態。然後讓你的肺繼續呼吸、呼吸、呼吸，直到它們達到平衡，結果會是令人愉快的。我見過兩個女孩以這種方式攀登高高的洛磯山，而別的女人則騎著馬上山。最後，一位登山嚮導回頭看她們時，用極為驚訝的語氣說：「天哪，妳們用肺呼吸就能登山！」這證明了她們使用了正確的呼吸方法。

從最優秀的體育教育中我們可以獲得很多關於爬山、散步、游泳和所有戶外運動的竅門。如果體育教育能教給女孩這些竅門，並使她們自然而然地愛上戶外鍛鍊，那麼它對女孩是有益的；如果它只是讓女孩有意識地擺出某種姿勢，那

麼它是有害的。

　　我們希望擁有強壯的身體、放鬆的神經及協調一致的肌肉，能自由地做任何正常的動作。我們的身體僅僅是工具——良好、敏捷而健康的工具。它們是外在的機械裝置。當外在的機械裝置得到良好的潤滑並平穩地運行時，我們就會忘了它的存在。

　　毫無疑問，如果我們能巧妙地對待體育教育，使之真正發揮作用，它對女孩將是有益的。鍛鍊後淋浴的作用是最重要的，因為淋浴能平衡人體的循環。同樣道理，體育教育有益於那些在日常生活中很少做，或不做肌肉運動的女孩，因為運動能在最短的時間內讓她們得到最有益健康的鍛鍊，讓她們藉由戶外鍛鍊延長壽命。它有益於那些平時要參加大量活動的女孩，因為它能鍛鍊未被使用到的肌肉，從而讓那些被過度使用的肌肉得到休息。很多勤奮的女孩拖著疲憊的身體去上健身課，離開時卻已得到充分休息。

第十章　體育教育對女孩有益嗎？

第十一章
悠閒地工作

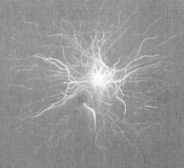

　　我曾經遇過一個必須在規定時間內完成一項重要科學研究的人。除了 1 小時用於睡眠及吃飯外，他連續不停地從週六下午 2 點一直工作到週一上午 10 點。

　　任務完成後他感到極度疲憊，但他沒有在大腦緊張的狀態下立刻上床睡覺，而是帶上狗和槍外出打了幾個小時的獵。

　　把注意力轉向完全不同的事物使他大腦的其他部分得到一定的休息，新鮮的空氣使他重獲活力，少量的運動鍛鍊促進了血液循環。如果工作之後直接上床睡覺，他很可能要用好幾天的時間才能從疲勞狀態中恢復過來；人體自我調節機制很難對如此不正常的緊張狀態迅速做出反應。在清新的空氣中把注意力轉移到完全不同的事物上，以及促進血液循環都能啟動人體的自我調節機制。當他回家睡覺時，這個機制便有條不紊地工作，於是他醒來後感覺得到了充分的休息，恢復了精力。

　　無論壓力有多大，從週六下午一直工作到週一上午都是在做傻事。連續工作時間過長，或者以不正常的速度工作，都是愚蠢和目光短淺的。

　　但是總有例外情況。對這些例外情況，如果人們知道如何最好地照顧自己，那將是一件好事。不僅僅是在這種不正

常的工作之後我們才需要知道如何恢復體力，在任何工作結束之後，特別在連續工作一整天之後，我們都需要知道如何恢復體力。

一天結束時每個人都或多或少有些緊張，都渴望坐到椅子上，或躺在沙發上，或者直接上床睡覺；但這樣做是不對的。

積極採取行動，給大腦換個全新的環境，哪怕只有 15 分鐘或半個小時也好。如果你住在城市裡，即使出去走走，透過商店櫥窗往裡面看，也比什麼都不做來得強。這樣你可以呼吸新鮮空氣，而且漫無目的地欣賞商店櫥窗會是件非常有趣的事。

往商店櫥窗裡看 2 到 3 分鐘，然後移開視線看看自己能記住幾樣東西，這是個不錯的遊戲。但是注意，一定要選擇與你的職業無關的櫥窗。

如果你住在鄉村，因為空氣更好，戶外散步要比在城市裡更令人心曠神怡；在路上看到的樹木、天空、群星和夜色會讓你流連忘返。散步的時候，要有意識地觀察身邊的一切，忘掉白天的工作，緩慢地呼吸。

如果你不想到戶外去，那就拿起故事書或其他讀物，把注意力放到書上約半個小時。一部真正好小說的作用是不可

估計的。它不僅有娛樂功能，還能引導我們進入用其他方法都無法進入的狀態。一部好小說能帶來令人愉悅的變化，使我們擺脫一天的疲憊。

如果劇院裡的空氣更新鮮一些，一場好戲的門票不那麼貴的話，那麼看戲比讀小說效果更好。有時候，一天工作結束之後玩遊戲能讓我們精神飽滿。當然喜愛音樂的人也可以從音樂中得到休息，但是它們都需要花錢。

為什麼善良的人不舉辦只象徵性收費的音樂會，讓大家都能聽到天籟之音呢？為什麼善良的人不開辦廉價的劇院，讓我們都能欣賞經典戲劇呢？

每座城市和城鎮都有公共圖書館。某座大城市的一位圖書管理員樂於講述貧民窟裡的一個窮女人的故事。這個窮女人用家具堵住大門以防喝醉的歹徒闖入，然後坐在屋子裡靜靜地閱讀從公共圖書館借來的書。

還有很多類似的故事。如果我們能像從公共圖書館借書那樣，輕而易舉地走進劇院看戲或聽音樂會，那麼全國各地人們的健康水準也會隨著提高。問題在於人們和劇團都一樣，用國家大劇院這種東西去迎合有錢人。我無法假裝推薦能吸引每位讀者的娛樂活動有哪些，但我可以闡明自己的觀點：疲憊的時候，在休息之前做一些其他活動是有益健康的。

我聽到有人說：「哦，我不能！我不能！我太累了。」

我知道疲倦的感覺。

那位連續工作了兩天的人一定非常想直接上床睡覺；但是他懂得常識，知道如果按照常識而不是自己的喜好做事，結果會更好。事實確實如此。

我們很難理解當一個人極度疲憊時，直接上床睡覺或坐下來休息並非最佳選擇。

在大腦和身體非常疲憊時從事劇烈的體育運動是錯誤的，應該完全轉移自己的注意力，並進行少量運動，但要注意時間不宜過長。任何下定決心嘗試這種休息方法的讀者，很快就能證明它有令人滿意的效果。

最近一份日報引用了安妮·佩森·考爾的話：「邊工作邊休息。」編輯在後面加了一句：「於是你被開除了。」儘管這是個絕妙的笑話，但是它誤導了安妮·佩森·考爾的本意。不難想像當一個女人 —— 特別是精疲力竭、痛苦不堪的女人 —— 閱讀有關如何悠閒地工作的書時，會苦悶地大喊：「你當然可以那樣寫。它聽起來是個好主意，但是有誰願意接手我的工作，然後試試看能不能悠閒地工作？」

「如果我的老闆發現我那樣懶散地工作，他很快就會解僱我。不，那可不行。我非常累，但只要我還可以撐，就必須堅持下去。當我堅持不下去的時候，我會死去的 —— 那就是

我的結局。」

「這就是為了養家糊口而做苦工 —— 如果悠閒地工作，麵包從哪來呢？」

今天，成千上萬的女人在身心俱疲的狀態下工作，她們不能或不願意接受固有習慣以外的東西。這些習慣根深蒂固，她們深陷其中卻看不到它們的盡頭。

相對於在陌生的環境裡做簡易的工作，人們更容易在自己熟悉的行業裡把困難的工作做好。人們更容易停留在固有的習慣中（哪怕是令人疲憊不堪的緊張狀態），而不願養成輕鬆工作的新習慣。

人的頭腦也會逐漸充滿疲憊感，直到疲勞被當作是正常的狀態。感受到充分休息之初，我們會覺得不正常。習慣性疲勞和緊張的人，會憤怒地拒絕那些能讓他輕鬆地做好更多工作的主意。

當一個人已經習慣於在緊張中工作時，要學會悠閒地工作，他必須做急轉彎。轉彎之後，他要不斷地透過認真學習來理解及養成新的正常習慣：悠閒地工作。這種正常的習慣一旦形成，就會發展出自己的要求，於是悠閒地工作成為工作本身必不可少的部分。

整體來說，只要我們避免緊張，就能更好地完成更多工

作。要發現這一點，我們需要依靠常識和堅強的性格。

實踐使人的性格變得堅強。一旦有了良好的開端，它就會不停地自我強化。當我們用意志引導身體和思維按照常理行事時，我們就不必去冥思苦想。

如果經常動腦，我們就會變得更聰明。靈魂中一切好的東西都會因為被使用而變得強大，靈魂中一切壞的東西則會因此走向毀滅。

首先，讓我們把「工作時休息」和「悠閒地工作」區別開來。

「工作時休息」可能意味著懶惰。我們有工作的時間，也有休息的時間。工作時應該全心全意地投入，休息時要充分休息。

如果把工作和休息混為一談，就什麼都做不好。但如果我們悠閒地工作，就能收到事半功倍的效果。

這意味著養成了良好的習慣之後，我們能更好地完成更多工作。改變習慣時會遇到困難，也有「被炒魷魚」的危險。

為了避免出現困難，我們必須更加緩慢地改變自己的習慣。如果週六晚上我們疲憊不堪地回到家，一頭栽到床上睡覺，週日醒來感覺比上床時還累，那麼週日我們就不必去工作。

　　讓我們花點時間仔細想一想自己的工作，找出緊張所在。

　　我聽過有人說：「但是我累得連思考的力氣都沒有了。」科學研究表示，注意力集中到某件事上時，大腦就會感到很疲憊。這時如果我們把注意力轉移到另一件事上，大腦就會得到休息。

　　我還聽過有人說：「考慮工作問題不就是把注意力又集中到相同的方向上了嗎？」當你考慮把從未想過的新原則運用到工作中時，你的注意力轉移到了新的方向上。

　　不僅如此，透過把真實有效的新原則運用到工作中，你賦予了工作新生命。

　　在週日早上，當你花一個小時研究如何工作才能避免過度勞累時，問問自己下列問題：

> ➤ 在工作中我抵制了什麼東西？找出你抵制的每個事物，消除肌肉緊張，以消除頭腦中的抵制情緒。
> ➤ 我能否安靜地吃飯，把工作拋到腦後？
> ➤ 我是否抓住每個機會呼吸新鮮空氣、做充分的深呼吸？
> ➤ 我是否手忙腳亂地工作，有被催促的感覺？我是否意識到無論工作有多緊迫，如果能消除忙亂所引起的緊張，就能更有效地完成緊急任務？

➤ 工作時我是否過度緊張？我工作時是否感到緊張？如何才能有效地發現緊張並想辦法消除它？

　　一次想這麼多問題就足夠了。只要堅持不懈地關注這些問題並努力尋找答案，你會驚訝地發現正確答案會來到你身邊。當這些答案被付諸實行時，你會更深刻地理解它們。

第十一章 悠閒地工作

第十二章
想像的假期

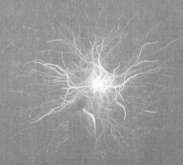

　　有個年輕女人，長年累月的辛勞使她處於習慣性緊張及慢性疲勞狀態。早上上班前她找到媽媽，由於疲憊和憂慮，她用緊張的聲音說：「媽媽，我受不了了，我受不了了。除非休個長假讓我喘口氣，否則我會徹底崩潰的。」

　　「為什麼不今天就休假呢？」媽媽問道。女兒有點生氣，大聲地說：「媽媽，妳為什麼說這種傻話？妳知道今天我不能放下工作！」

　　「親愛的，別生氣。給我一分鐘時間解釋。我一直在想這件事，妳能理解我說的話，妳做得到。現在，妳聽我說。」於是母親非常具體地說明如何進行假想──良好而有益健康的想像。

　　對於任何沒有想像力的人來說，這個辦法不會有吸引力。

　　這個年輕女人不僅被它深深吸引，還進行了嘗試並獲得良好效果。辦法其實很簡單：她假裝已經開始休假，然後去學校讓自己高興起來。

　　例如，她可以信以為真地對自己說：「能放假休息不是件好事嗎？怎麼做才能從中得到我想要的一切？」

　　「我要去文法學校看看他們正在做什麼。也許到那之後，為其中一些孩子講課會讓我感到高興。觀察孩子們記筆記和

背課文總是很有趣的。」

到校後她非常高興，抬頭向上看時她自言自語地說：「一定是這棟大樓。」

過去的五年中，每個工作日她都待在大樓裡，而正在進行的小遊戲卻使教學大樓變得新鮮而陌生。

她進入教室時孩子們高興地看著老師說：「老師早安。」她自言自語地說：「他們好像認識我，這是怎麼回事？」她對自己能將遊戲堅持下去感到非常高興，有時候高興得幾乎笑出聲來。

她傾聽每個班級的學生背誦課文，好像自己是第一次講課。她觀察每個孩子的言行，好像從未見過他們，好像他們是一群令她興味盎然、新奇的研究對象。

她發現教室更令人愉快。她還驚訝地感覺到自己和孩子們之間，突然出現的一種令人愉快的無聲交流。

放學鈴聲響過之後，她回家了，感覺自己做了一件輕鬆的事情。出現在母親面前這張快樂的面孔使母親立刻笑了起來。

她們走出家門，在新鮮空氣中散步，然後回家上床睡覺，為迎接新的一天做準備。

第二天早上，媽媽有點擔心，小心翼翼地問女兒：「妳覺

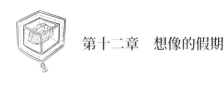

得能夠重複昨天的一切嗎？」

「可以，而且我會做得更好！」女兒說：「太有趣了，我都停不下來了。」

早餐後媽媽有點惡作劇地眨著眼睛說：「妳今天打算怎樣逗自己開心呢，愛麗絲？」

「哦，我想想……」兩個人都笑了。愛麗絲開始第二天的「休假」。

到週末時她已經擺脫了疲憊，過得很開心。關於學校和孩子們的新點子也層出不窮。她已經告別了麻木、憂鬱的工作狀態，重新振作了起來。

每當疲憊狀態再次出現時，母女兩人總是「去休假」，每次都能更容易地擺脫疲憊。

只要有足夠的想像力，無論你從事什麼工作，「休假」遊戲都能讓你得到休息。

做服裝、帽子時，或者看管商店時，都可以玩這個遊戲。把任何苦差事都當成遊戲來玩，你就能更好地完成工作，還能使自己得到充分休息。必須懷著一顆童心持之以恆地玩遊戲。

不要半途而廢，大聲叫嚷：「多傻啊！」然後再次陷入疲憊狀態。我所告訴你的正是一種健康的自我催眠過程。

事實上，使我們感到疲憊的是我們對工作的態度，而不是工作本身。如果能認識到這是個客觀事實，我們就能避免很多本不該出現的痛苦甚至疾病。

當然，不要總是只玩休假遊戲，否則遊戲會變得索然無味、失去作用。當你累得無法忍受時，玩 2 天或者 3 天的遊戲 —— 至於遊戲的長度，只要能使自己擺脫疲憊狀態即可 —— 我們就可以「重新投身工作之中」，直到需要再次休假為止。

不必為自己的天真無邪感到害怕或羞恥 —— 它對成熟的頭腦非常有用。

嘗試玩休假遊戲時，明智的做法是不要談論它。一旦與別人討論該遊戲，我們就可能無法從中受益。

如果你發現它有用，想把祕密分享給朋友，一定要告訴他玩遊戲時不要向你提起此事，哪怕他就坐在你旁邊跟你一起做事。

另一個工作時休息的最好辦法是減輕壓力。如果你是一台正常壓為 600 磅的蒸汽機，要讓自己僅僅以 300 磅的壓力工作。

人類這台蒸汽機在過大的壓力中工作。過度勞累的女人如果想透過降低壓力來減輕工作負擔，她只需拋棄那些不

必要的緊張，就能在悠閒地工作中消除疲勞，更好地完成工作。

學習如何在較低壓力下工作時，剛開始會進展緩慢，但隨著時間的推移，新習慣養成後，這個過程很快就會加速。

越簡單的東西往往越有效。我們總是能學會如何在更低壓力下更有效地工作。我們總是能減輕壓力，增加力量。

減輕工作壓力會增加我們的工作熱情。過去我們像是在做苦工，而現在卻有可能在工作時得到休息，也能更深刻地理解如何得到更充分的休息。

只要我們學會輕鬆地工作與休息，各式各樣的休息與工作都能帶給我們超乎想像的活力。

第十三章
鄰座的女人

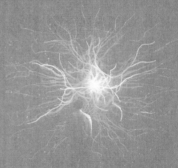

第十三章　鄰座的女人

她可能是身邊做縫紉工作的女人，或是站在同一櫃檯邊的女人，或者是同一工作臺旁的女人，或是鄰座的女人。

無論鄰座的那個女人是誰，很多職業女性的生活都被她搞得很悲慘。如果這位痛苦的婦女被告知讓她煩惱的根本不是身邊的那個女人，最初她會感到很奇怪，覺得難以置信。

令她憤怒及煩惱、使她日漸衰弱、讓她很多個晚上回家時頭痛難忍的 —— 恰恰是她自己，而不是她身邊工作的那個女人，無論那個女人有多麼討厭。

每天早上起床時，鄰座的女人就像黑色幽靈一樣出現在她面前。「哦，我不在乎工作；我能整天都心平氣和地、快樂地做事，然後回家休息；與整天要和那個鄰座的女人生活在一起這種折磨相比，工作是簡直就是一種幸福。」

奇怪的是，如果鄰座的女人發現自己正在激怒別人，她就會裝作是無意中找到了別人最敏感的地方，然後用尖酸刻薄而無禮的語言粗暴地刺傷它。

她似乎在逃避本職工作，藉由精心的安排讓別人不得不替她工作。想方設法將困難的工作推給別人後，她就會嘲笑對方在忙亂中所犯下的錯誤。

如果鄰座的女人早上上班時覺得疲憊與憤怒，她就把怒火發洩到同事身上，直到她釋放了怒氣，帶著好心情回家。

然而可憐的同事卻疲憊不堪地回到家。鄰座的女人不遺餘力地用討厭的暗示刺激別人 —— 即使不是直接讓別人聽到，也要想方設法讓消息傳到他們耳朵裡。

她把上級主管講過的話或考慮的事情暗示給別人。這些人因為可能失去工作、無法養家糊口而嚇得魂不附體。

鄰座的女人可能會做所有這些嚇人的、令人討厭的和卑鄙的事。當然她也可能只是心直口快、脾氣暴躁的女人而已。

每個人都領教過令人討厭的同事。即便鄰座的女人能帶來更嚴重的騷擾，只要我們做出正確的選擇，她的騷擾便會灰飛煙滅。

她之所以令我們煩惱，是因為我們抵制她。由於同樣的原因，她傷害了我們的感情。對她的抵制並沒有使我們憤怒，而是讓人痛苦地想哭。擺脫她的方法是不去抵制。要學會不去抵制，我們要時時刻刻研究如何消除對她的一切抵制。

這個研究還有另一個好處：一旦有個良好的開端，它就會變得十分有趣。對新興趣的專注會帶給我們嶄新的生活。

心理上的抵制會引起緊張。當我們發現自己在心理上抵制別人身上令人討厭的東西時，應立刻注意由此產生的肌肉

緊張，努力放鬆自己、消除緊張，效果將是立杆見影的。

即便一開始效果並不明顯，只要堅持不懈，效果就會越加顯著，最終我們將完全不受鄰座女人的影響。

這個女人的惡言惡語使我們的身體和精神都受到了影響。要先消除肌肉緊張，才能消除精神緊張，因為減輕身體上的緊張就能反作用於精神上的緊張，並使後者得以緩解。

我們可以非常高興地說：「我希望她再來跟我說些難聽的話，我想再做一次實驗。」機會出現時你應該一次又一次地進行實驗，直到大腦養成自動進行實驗的習慣。

這個習慣一旦養成，你就不會受到鄰座女人的影響了。無論她怎樣努力、無論她說什麼或做什麼，都既不能惹怒你也不能使你日益憔悴。

如何消除緊張是個問題。對於強加到自己頭上的、令人討厭的東西，人們往往覺得自己「完全有理由憤怒」；所謂的「完全有理由憤怒」會以抵制的形式表現出來，引起肌肉緊張。

如果怒火再次燃起並使我們再度緊張，消除肌肉的緊張將毫無意義。消除肌肉和精神的緊張之後，必須用好的東西去填補留下的空間。讓我們把注意力集中到工作上吧！如果有機會，向鄰座的女人表示善意。

最後，當她發現自己的辦法不能惹惱你時，就會選擇放棄。在最初的一段時間，她也許會變本加厲。隨後，她會因為不能惹惱你而感到驚訝，然後就會安靜下來，變得不那麼討厭。

如果能意識到持續不斷的抵制對我們造成的影響，同時還能意識到：是要消除抵制的影響，還是寧可遭罪也要死死抓住抵制不放，完全取決於我們自己，我們就能明白如果鄰座的女人還能讓我們煩惱，這完全是我們的錯，而不是她的錯。

第十三章　鄰座的女人

第十四章
電話與打電話

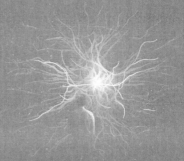

大多數人打電話時投入了過多的精力，這種做法不利於他們保持強壯與健康。

越是與自然規律保持和諧一致，我們就越能獲得寧靜與祥和。

自然規律告訴我們不要緊張，真正的科學也不提倡緊張。無論是緊張地大喊大叫還是小聲說話，都會使對方無法聽清我們的聲音。

如果每個打電話的女人都能記住這個事實，她會節省很多精力，挽救電話線另一端的女人的耳朵，對方也能聽清她講的話。

耐心、彬彬有禮、堅定與言簡意賅都能讓我們清楚地表達自己的意思。

不耐煩、粗魯、猶豫不決及囉嗦會讓自己打電話時無法明確地表達想法。它們對打電話的影響，甚至超過它們對面對面交談的影響。

似乎電話線本身憎恨這些不近人情的做法，透過傳遞愚蠢的話語來報復冒犯它的人。

有人覺得如果不能立刻得到電話接線員的應答，他們就有權在電話裡大吵大鬧要求提供更好的服務。

對電話接線員的責罵往往使對方在一時衝動之下憤怒地

反擊，當然事後接線員會表示歉意。即使這次服務的速度加快了，它也會使下次服務顯得較慢。責罵並不能使人持續提供迅捷的服務，這違反情理。

對於一個緊張、疲憊卻苛刻的女人來說，10 秒鐘的等待就像 10 分鐘一樣漫長。曾經有一位女士幾乎連續不停地撥打了 15 分鐘的電話。我能感受到她撥打電話時表現出來的緊張與憤怒。當電話終於接通時，沒人能聽清她大喊大叫的聲音。因為電話轉接中心沒有及時接通電話，她又生氣了。最後她在近乎精神崩潰的狀態中放下了電話，堅持說電話遲早會要了她的命。她從來沒有想過幾乎讓她生病的罪魁禍首正是自己。

孩子摔倒撞到頭與地板無關。同理，她的問題與電話本身無關。

最糟糕的是，如果告訴這個女人她的疲憊完全是沒必要的，她會變得更加緊張、憤怒與疲倦，病情會進一步加重。

女人們首先要意識到自己的缺點，才會願意接受那些能使她們獲得更多自由、能了解更多常識的建議。

科學與不合情理的任性之間無法調和，還展現在有人憤怒地不停按動電話機鉤鍵。

如果不間斷地迅速按動電話機鉤鍵，電話接線員面前的指示燈就不會閃爍，她就不知道電話另一端有人在等待。

　　當你有規律地按動鉤鍵，兩次按動之間間隔片刻，電話接線員看到指示燈閃爍後，轉接電話的動作就會加快。

　　我曾見過有人因為沒有立刻得到應答而變得異常不耐煩，猛烈地快速上下按動電話鉤鍵，幾乎把它折斷。這麼做很可笑。他急於和別人通話，然而他的所作所為卻使接線員無法知道他的意圖。他憤怒的動作也可能會折斷電話鉤鍵，使自己根本無法打電話。所以，欲速則不達。

　　我不知道是否存在著公認的電話禮節。但有必要把這些電話禮節印在通訊錄的第一頁供那些缺乏教養的人使用。缺少對別人的體諒經常展現在人們打電話時的舉止上。

　　有的女人讓傭人撥通朋友家的電話，朋友在電話另一端苦苦等待，她卻在忙完了手頭上的事情後，才在傭人的提醒下過來與朋友通話。這種浪費別人時間的做法不限於女性，男人也一樣會冒犯別人，而且通常更惡劣，因為電話另一端的男人往往比女人更忙。

　　總而言之，電話能使我們更加體諒別人，能心平氣和地獲得更好的服務，使我們更有耐心。如果貼近話筒輕柔地說話，我們的神經緊張將會減輕，因為輕柔的聲音總能讓神經放鬆下來。

電話也會讓我們更自私、更以自我為中心、更優柔寡斷、更囉囉嗦嗦、更不耐煩、更緊張不安。

　　實際上，電話既可以讓我們變得健康，也能讓我們生病；甚至可以說電話能讓我們上天堂，也能讓我們下地獄。我們有權選擇使用它的方式。

　　它能帶來幸福和便利。如果它是詛咒，我們則是讓詛咒降臨到自己的頭上，當然我所指的只是使用電話的大眾。那些為打電話的大眾提供服務的人必須面對很多考驗，這些考驗並不總是來自於有禮貌、有耐心的人。如果我們平靜而準確地向電話接線員提出請求，她就不可能以遲緩的動作與無禮作為回應。恰恰是神經緊張和憤怒製造了麻煩。

　　將來某一天也許會有學校講授如何更好地使用電話。但如果每個聰明的男人與女人都願意成為自己的老師，使自己尊重科學而不是違背科學，理解科學並按照科學規律辦事，那麼就永遠沒有必要設立這樣的學校。

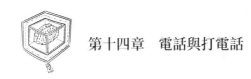

第十四章　電話與打電話

第十五章
別說話

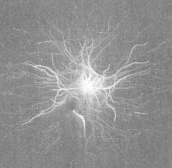

第十五章　別說話

過多談話造成的精力浪費、神經緊張和身體傷害遠遠超乎人們的想像。沒有進行過相關研究的人很難相信這一點。我並不是指人們說話內容造成的傷害，大家都知道無意說出或惡意說出的話所造成的災難性後果，那是另一回事。我所討論的僅僅是過量的談話所消耗及浪費的體力：只說 10 個字就足夠時，卻偏要說 100 個字 —— 甚至根本不用說話時，卻要嘮叨 1,000 句。

我曾經聽一個朋友喋喋不休地說了至少一小時，這時我決定告訴她輕鬆發音的方法。我插話問她是否嘗試過緩慢吸氣，然後呼氣時講話。我費了一番周折才讓她接受了我的建議。她緩慢地吸氣，然後停了下來。

大約半分鐘的沉默之後，她說了句讓我驚訝的話：「我想不起來自己要說什麼。」我告訴她：「再試一次。」因為還是想不起來自己要說什麼，她再次緩慢吸氣後選擇了放棄。她不太喜歡這個小遊戲，不願再做努力。3 分鐘後她又開始喋喋不休，直到我打斷她的話跟她道別為止。

這位女士的喋喋不休恰恰是一種神經質的習慣，她的思想與語言實際上毫無關係。因為從未思考，所以她從未說出自己的想法；因為從來沒有傾聽過別人的談話，所以她從未對別人的話做出反應。神經質的談話者從不傾聽別人的話，這是他們最明顯的特徵之一。

我認識兩個健談的名人被邀請吃飯。主人覺得既然兩個人都能滔滔不絕地講話，讓他們見面交流想法是再好不過的事情了。幾天後主人在街上遇到了其中一位客人時，問他對另一位客人的看法。「印象很好，印象很好，」客人說：「但他的話太多了。」

不久之後另外一位客人偶然在街上遇到主人時說：「看在神的份上，別讓我再和史密斯先生一起吃飯了，我沒辦法插話。」

僅僅出於自私，男人可能意識到他既要從別人的談話中獲取資訊及知識，也要回報對方，於是他會去傾聽以確保對方不會超過自己。但自以為是的人、以自我為中心的人或者健談的人，卻很少或從不傾聽別人的話。

男人的情況如此，你又能指望神經質的女人說些什麼呢？她越是疲憊，說得就越多；病得越重，說得就越多。隨著女人神經質談話習慣不斷強化，她的思維能力便日漸衰弱。事實上，神經質談話持續不斷地使我們衰弱。

有些女人用談話來忘記煩惱。如果知道這是慢性神經自殺，後果比死亡還可怕，她們就會急著避免這種錯誤的自我保護方式了。要忘記煩惱，我們只能勇敢地面對它直到問題得到解決，然後重新投入工作中。眾所周知，不斷地談論其他事情不能讓我們忘記煩惱。

很多女人認為可以用談話讓你同意她們的觀點。一個滿腦子想法的女人找到你，卻發現你不同意她的看法。為了證明她是正確的而你是錯誤的，她會喋喋不休直到你頭暈眼花，打從心底希望自己是個聾子。

她會口若懸河地講，直到你不在乎自己是對是錯，只求片刻安寧。在此期間她竭盡全力損害了自己的觀點。她那沙塵暴般的談話埋葬了自己話語中一切美好的東西。

可笑的是，這種女人會在喋喋不休之後說：「我跟他進行了很好的交談，他回家後會談論我說過的話的。」

仔細想想吧，女士。妳留給他的印象是喋喋不休、逼人就範，他會害怕見到妳的臉，更怕聽到妳的聲音，唯恐再次與妳交談。女人工作時坐在一起。一個女人沒完沒了地說直到同事們疲憊不堪，再也打不起精神好好工作。如果她們知道不必理睬別人的喋喋不休，可以透過轉移注意力使自己免受影響，她們將會是幸運的。這個辦法對她們最有用，但它不能使神經質談話者的神經放鬆下來。她日復一日地摧殘自己的身體，毀壞自己的思維，傷害別人的神經，搞壞別人的脾氣，而這些人卻不知道如何保護自己免受她神經質談話的傷害。

神經質談話是一種疾病。

現在的問題是如何治病。它能被治癒，但病人首先必須知道自己有病。這是因為與其他疾病不同，神經質談話的治療不需要醫生，必須由病人自己完成。

首先她必須有病識感。可能有 50 位神經質談話者閱讀本書，卻沒有一位意識到本書是寫給她看的。

唯一的治療方法是：每位懷疑自己是神經質談話者的女性讀者，都應觀察自己一個月或更長時間（注意不要帶有任何偏見），直到確信自己不是神經質談話者為止。

於是她就安全了。

但如果她驚訝而懊惱地發現自己是個神經質談話者時該怎麼辦呢？有什麼治療方法嗎？首先自己要坦白承認，不要找藉口或做解釋，只需承認事實。

要把目標直接瞄準治療方法：沉默，要使自己在放鬆狀態下嚴格地保持沉默。要日復一日地努力，每天對自己發誓，除了絕對必要的話之外什麼都不說。不要刻意壓制想說的話，但當你吸氣打算說話時，不要讓句子從嘴裡溜出來，而必須盡可能地徹底放鬆，安靜地、緩慢地吸一口氣。下次想說話時，即便已說出半句話也要停下來，放鬆自己、緩慢地深呼吸。

神經質談話的習慣逐漸使人的思維支離破碎。前一個段

第十五章　別說話

落提到集中精神的方法能把散亂的思維聚集到一起，保持思維的生機與活力。

　　改掉惡習後，安靜思考的習慣便開始形成，話語也變得有價值。

第十六章
為什麼對自己的飲食大驚小怪呢？

我認識的一位女士說她堅持不吃草莓，因為草莓不適合她。一位朋友告訴她那只是她的想法而已。有一次由於其他原因她的胃狀態不佳時，她吃了草莓而感到不舒服。從那以後她理所當然地認為自己不能吃草莓。朋友說服了她，使她相信那只是她的想法而非事實，於是她大膽地吃了一整盤草莓。當天晚上她由於消化不良醒了，第二天早上對朋友說：「你看，我告訴過你草莓不適合我。」

但是朋友回答說：「妳當然不能指望草莓能立刻適合妳，不是嗎？今天再試著吃一次。」

這個小女人很聰明，她希望草莓能適合自己的腸胃，也願意努力調整自己以適應它們，她又試著吃了草莓。現在整個草莓成熟的季節她都能吃草莓，感覺也很好。

我們要注意並理解這個事實。如果認為某種食物不適合自己，一提起它我們就會緊張，胃部肌肉也跟著收縮，我們吃這種食物時，胃當然就收縮得更嚴重了。

有些人天生就對食物懷有偏見。記得有位女士不能喝牛奶、吃奶油、黃油以及任何含有這些成分的食物。對牛奶和奶油的厭惡好像令她很驕傲。只要不是顯得非常失禮，她會在任何場合談論此事，而她的做法經常是近乎失禮的。實際上，與生俱來的偏見與後天形成的偏見一樣都能被徹底消

除，只是前者需要更長的時間及持之以恆的努力。

　　這位不喝牛奶不吃奶油的女士，每天都在過度強調牛奶和奶油引起的緊張。如果她把同樣的精力放在消除緊張上，就能在生活中有很多收穫，能正常地食用有益健康的食物。一種緊張會引起很多其他類型的緊張，因此消除一種緊張能促使我們進一步消除其他類型的緊張。觀察一下那些拒絕端到面前的食物的人，你能看到他們要麼拒絕食物的同時顯得很緊張，要麼根本就不表現出來。我曾看到當「不適合她們」的食物端到面前時，一些女人臉上顯露出不易覺察的厭惡表情，但她們沒有意識到自己的表情背叛了她們。

　　一種食物引起的胃部肌肉收縮會影響另一種食物的消化。如果我們被面前的花椰菜搞得很緊張，又怎麼可能指望胃會立刻恢復正常，好好地消化我們非常喜歡的下一道菜呢？有人會說，我們喜歡的菜會讓胃部肌肉舒展開來，立刻抵消我們不喜歡的蔬菜所引起的收縮。這只在某種程度上是事實，因為大腦深處花椰菜的形象無時無刻不在影響著胃，除非我們下定決心有意識地消除它的影響。

　　埃德溫‧布斯過去飽受消化不良之苦。有一天他和好朋友吃飯。開飯前女主人面帶微笑地說：「布斯先生，我有特別注意不做任何一道你不能消化的菜。」

男主人親切地隨聲附和：「是的，布斯先生，你能很好地消化每道菜。」

這些話給布斯先生留下了美好的印象。首先，主人表現出了朋友的善意與同情；其次，他們明確說明飯菜會合他的胃口。吃飯過程中以及飯後，他們都進行了愉快而有趣的交談。布斯先生吃了一頓大餐，正如主人所說，沒有一道菜不適合他。儘管主人盡量使飯菜有益健康，其中還是有一些換個場合，布斯先生便會覺得不適合他的東西。

雖然我們應該盡可能地吃有益健康的食物，但我們對食物的態度所引起的麻煩，遠大於食物本身。對食物大驚小怪所引起的肌肉收縮妨礙我們的循環。循環不順使我們容易感冒。可以肯定地說，女人罹患半數以上的感冒主要是由錯誤的飲食引起的。女人對飲食大驚小怪，卻不知道自己為什麼弱不禁風。這有點像祖母到處尋找眼鏡，卻不知道眼鏡一直都在她的頭頂上。

咽下食物前應充分咀嚼。毫無疑問，消化的第一步在嘴裡進行。恰當地咀嚼食物會增加食慾，有助於消化。但不能過度強調咀嚼的作用。我很樂意舉一個極端的例子給大家來證明我的觀點。一位痴迷於健康問題的女士關注健康的所有細節，卻忘了為什麼要保持健康。她過度強調健康問題的一個表現是非常認真地咀嚼食物。由於不停地咀嚼食物，胃部

肌肉極度收縮，她患上了嚴重的消化不良，原因僅僅是過度關注消化。這是個野心過大的案例，說明過猶不及。類似的情況還有很多。

「我該吃什麼？應該吃多少？多久吃一次？什麼時候吃？怎麼吃？」不計後果地完全忽視這些問題，容易搞垮健康而強壯的胃；而對這些問題的極度關注同樣會導致慢性消化不良。由於沒完沒了地談論什麼是非健康食品，那位不停咀嚼食物的女士自討苦吃，患上了消化不良。她獨自一人吃的早餐是我在那段時間裡見過最單調的飯菜。如果不事先警告，它會摧毀任何見過這種早餐的人的食慾。

食慾是我們最神聖的本能之一。我們有食慾時，胃就能很好地消化食物；沒有食慾時，胃就不會充分產生消化食物所必需的分泌物。不斷地為飲食大驚小怪會奪走我們的食慾，痴迷於研究飲食同樣會奪走我們的食慾。食慾是一種柔弱的本能。如果我們真正尊重它，不為自私的目的使它退化，也不用過於嚴謹的態度殺死它，它就會在我們身上茁壯成長，忠實地履行自己的職責。正如敏銳的知覺有益於我們的精神健康，食慾對保持身體健康至關重要。

交給胃工作任務之前，要確保它得到了充分的休息，吃東西後我們要保持足夠的安靜來讓它開始工作。從一個極端走向另一個極端同樣有害。我認識一位女士，她僵化地對待

健康問題：飯後她總是筆直地坐在高背椅上半個小時，為了使消化順利開始，拒絕說話也拒絕別人和她講話。如果我是她的胃我會說：「女士，當妳結束對我的特殊關照後，我將開始工作。順便說一句，這不是妳的工作，是我的！」事實上，那正是她的胃說的話。筆直地坐著和有意識地等待食物開始消化，意味著多管閒事。它會使你的大腦和胃都緊張，使胃停止工作。

我們的任務僅僅是創造良好的條件。法國工人的做法是飯後靜靜的坐著，談論自己感興趣的事。保持安靜、快樂地交談、閱讀輕鬆愉快的故事，或者靜靜地放鬆半小時都能創造良好的工作條件給胃。但是「認為自己應該關注胃的工作狀況」不僅是多管閒事，還有害身體健康。我們必須滿足這些條件，然後忘了胃的存在。如果胃用不舒服來提醒我們它的存在，我們必須找到原因治療疾病。無論如何，我們都不能認為胃部不適一定是吃下去的食物引起的。原因可能與此截然相反。對於別人提到的食物迅速而強烈地抵制常常引起消化不良。在這種情況下我們必須停止抵制，不應該責備食物。曾有人讓狗把小金屬球和食物一起吞下，然後用 X 光照射其胃部以觀察消化過程。當狗被激怒時，小金屬球停止了運動，這意味著消化停止了。當狗過度興奮時，消化停了下來。當牠平靜下來時，消化又繼續進行了。

有很多理由要求我們消除不必要的抵制情緒，勇敢地面對生活。保護胃的健康就是一個重要的理由。

如果知道吃得太多會給胃帶來不必要的壓力，大多數人都會感到驚訝。神經質病人的胃口很大，她一頓飯能吃 2 到 3 倍的肉和菜。她認為自己的好胃口是個福氣，談起自己的食量時，她會說這麼多有營養的好食品一定能幫助她康復。可是她卻奇怪為什麼病情沒有迅速好轉。

事情的真相是這位病人的胃口是神經質的。她真正需要的食物還不到吃下去的三分之一，另外三分之二的食物對她造成了很大的傷害。消化如此多的食物給胃造成的負擔每天都在蠶食她的神經、損傷她的大腦。由於沮喪，她不停地進食、不停地哭泣。

當一位懂得神經問題的朋友說如果大量減少進食，她很快就會康復時，她定了一條規矩給自己：無論自己多麼想吃，任何食物只能吃一份。她很快就康復了，並認識到暴飲暴食會使自己一直處於病態之中。不久之後她再也不想吃第二份食物了。

神經質胃口甚至在自認為很健康的女人中也相當普遍，如果少吃一點，也許在營養充足的男性與女性中有 5% 的人會更健康。

第十六章　為什麼對自己的飲食大驚小怪呢？

要關注人們的食品觀念，它能讓每個人放鬆下來。

「我不喜歡雞蛋，我吃夠了。」「哎呀！吃太多霜淇淋會讓我生病的，從此以後想起它我就會生病。」

放鬆，消除緊張，假裝你從未吃過霜淇淋，試著吃一點，不是為了吃霜淇淋而吃霜淇淋，是為了解開心結。

你會說：「可是我們無論什麼食物都可以吃嗎？」

我的回答是：「是的，可以吃任何真正的好東西。有益健康的食物誰都能吃。」

你會說：「你就不考慮味道的差異嗎？」

對這個問題的回答是：「我們當然可以更偏愛某些食物。但是不帶偏見的偏愛與帶著偏見的厭惡之間有著本質上的區別。」

只要幫胃創造最基本的條件，然後聽之任之，胃就能正常工作。如果我們正確對待胃，它就會告訴我們什麼對它有好處，什麼對它有害處。如果我們遵循自然規律辦事，而不是去妄加評論，就不需要為食物大驚小怪，神經質的煩惱也會大大減少。

第十七章
照顧好你的胃

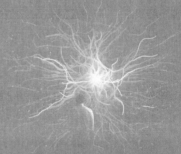

　　我們都有很多事情要做。有些人需要整天工作來養家糊口，晚上大部分的時間還要拿來做衣服。有些人必須在櫃檯後站一整天，也有人要整個白天都坐著為別人縫紉，再花上整晚的時間幫自己和孩子們縫衣服。大多數人都要做別人安排的工作，或者自己強加給自己的工作。很多人感到忙碌，而實際情況並非如此。究竟有多少人意識到當我們在工作時，我們身體內的各個器官也要有條不紊地工作呢？

　　肺要從空氣中得到氧氣，然後將其輸送到血液中；透過心臟有規律的跳動，血液把氧氣輸送到全身，並帶走身體裡的廢物。胃需要消化食物，把食物中的營養提供給血液，把廢物排出。

　　這些工作都是為身體健康服務的，它們穩定地運轉著，讓我們體格強健、精力充沛。但如果我們管理不當，使心臟、肺或胃過度疲勞，它們就會爭奪我們的體力以完成任務。我們責怪它們，卻不去責怪自己是嚴酷而不公正的工頭。

　　消化過多或胃無法適應的食物，會使整個消化系統處於緊張狀態。

　　我認識一個女人，她始終感到良心不安。她毫無緣由地認為自己做了很多自私的事，覺得應該為別人的痛苦負責。

她的良心受到強烈譴責，胃開始劇痛。吃了醫生給的催吐劑，她從胃裡吐出了大量未消化的食物。胃痛緩解之後，她徹底擺脫了良心重負，精神狀態變得與那些為生活操勞的普通婦女一樣了。

這是個真實的故事，對於需要它的讀者來說具有實用價值。這個女人的胃被分配了太多的工作。為了做好自己的工作，它不得不努力搶奪大腦及神經系統的資源。而這會為整個大腦帶來緊張感，緊張感會在大腦的「良心」區域留下印記。這種緊張可能以其他形式表現出來，可能表現為易怒，甚至直接表現為壞脾氣。無論是誇大了的良心譴責、不安還是易怒，它們的直接原因實際上是胃的負擔過重。

當我們的胃感到疲勞時，我們還吃太多的食物，就會使胃負擔過重；如果我們吃錯了食物，也會使胃負擔過重；如果飽餐後立即開始繁重的體力或腦力勞動，同樣會使胃負擔過重。為了保護好我們的胃，無論有多忙都不能做上述三種傷害胃的事。

當一個女人很疲憊時，她的胃也一定很辛苦。這時如果能牢記：即便很餓，也要慢慢地喝一杯熱牛奶，休息一陣子，再吃固體食物；她的身體恢復得就會比立刻飽餐一頓要好。

飯前飯後各休息半小時什麼都不做能確保消化得最好。

如果你身體強壯，而且忙得無法抽出半小時，只要不是極度疲勞，10 到 15 分鐘的休息就可以了。

如果不得不一直工作到吃飯時間，停止工作前放鬆一下自己。臨近吃飯時間不要太努力工作；你不會因此而少做事，最終反而會完成更多的任務。飯後要慢慢地開始工作，逐漸加大工作強度。這可以幫胃創造良好的工作條件。

如果可能，晚餐前要長時間休息。如果整天都很忙，最好在一天結束後再吃大餐，飯後好好休息一下，然後在新鮮空氣中散步，散步時間的長短取決於你還有什麼工作要做或者疲勞程度。

有的女人會說：「但是我總是很累；如果吃飯前休息一段時間我會餓死的。」

我的回答是：「盡可能保護你的胃。如果飯前飯後都無法休息，就要想辦法消除一些疲勞。」

如果你滿懷興趣、專心致志地去做，就會逐漸發現自己不那麼累了，隨著你逐漸步入正軌，有一天你會驚訝疲憊的時間減少了一半，甚至疲憊成了例外情況。

要讓誤入歧途的胃走上健康之路，需花費很長的時間；但只要運用智慧並堅持不懈，就一定能做到這點。減輕胃部壓力意味著減輕全身壓力。

然而，如果吃下去的食物沒有營養，飯前飯後休息的作用就極為有限。

有些人偏離正常的飲食方式如此之遠，以至於他們完全忘記了什麼有益健康。他們的胃長期處於紊亂狀態，從而導致長期的神經紊亂及性情暴躁。如果這些女人能用一分鐘時間實際體驗一下真正健康的女性自由自在的身體，正常與不正常的對比會令她們極度震驚。如果她們保持正常狀態的時間長到能使自己從震驚中恢復過來，就會覺得健康所帶來自由自在的感覺實在是太美好了，而沒有營養的食物則令她們作嘔。

吃過那些並非最適合我們的食物之後，或者憑藉本能，大多數人基本上都能正確判斷什麼食物最適合我們。

如果我們能從身體器官的自然活動中得到啟示，就會以更健康的方式去從事日常工作。

如果每位閱讀本書的女士都能學會不去干涉自己胃的最健康的活動，堅持幾週之後她不僅更有力量工作，還能得到更好的、更有益健康的休息。

第十七章　照顧好你的胃

第十八章
面部表情的暗示

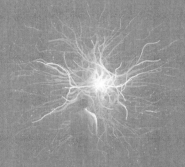

當你走在街上時，觀察一下人們的臉龐。如果經常注意的話，會使你的觀察變得更加敏銳。令人驚奇的是，我們很難找到一張真正平靜的臉。當然，我並不是說臉上不應有表情。活在世上就像在學校裡學習，沒有痛苦也不會有經歷，只有經歷過才會得到真正的教育。而那些源於生活的教訓及作用於我們性格的痛苦，會在我們的臉上留下印記。而我指的印記是，臉上那由於無謂壓力所造成的皺紋。

說來也奇怪，不平靜的臉龐多半是出於淡薄的感情。通常，感覺越深刻，臉上的緊張越少。一張臉可能看起來煩躁不堪、充滿痛苦，但是卻沒有由於憂慮或激動而引起的緊張。

緊張的表情將性格表露於外，使之不堪一擊，當然也在很大程度上也削弱了自然美。源於痛苦的表情使人們的臉龐富有特點，不但增加了力量，也增加了自然之美。

為了去掉緊張的表情，我們要先去掉它後面的緊張。表像之下的東西才是我們不得不對付、最艱難的事情，而表面的工作相對就容易多了。

我認識一位具有平靜溫和臉龐的女士。那些皺紋真的很漂亮，它們都是一樣的。這位女士過去常在鏡中觀察自己，直到她對那些皺紋不再那麼在意 —— 她甚至用雙手去推，使自己的嘴角呈現出微笑來。

她仔細觀察當臉龐出現溫和的表情時她是什麼感覺，並研究如何保持這種感覺。那些特點慢慢地固定了下來，她可以經常保持那種表情，這是因為她已經在腦袋裡樹立起了一種自動的警覺，不會讓肌肉「不受控制」。

我不知道我的這位老朋友會成為一個怎樣的女人。我想見一見她 —— 但是現在她一定是個很厲害的偽裝高手。隱藏在偽裝臉龐後面的緊張，一定是些令人不快的事情。我對此深信不疑，因為大部分時間她都處於病態 —— 能讓一個人患上神經性疾病的東西，要比這個人內心的緊張更為嚴重，而這份緊張是平靜外表的必備條件。

我馬上想到了一個與此相似而有趣的例子，儘管剛開始似乎截然不同。一位女士，她總是談論心靈的力量，以及任何一個與她一樣堅信的人，是不可能被外界環境所影響的 —— 我從這個女士身上看到的是憤怒。

她坐在那裡，臉上有一百條皺紋，所有皺紋都歪歪扭扭得揭示著她的憤怒。她已經滔滔不絕地講了很長時間她所謂理所當然的憤慨，稍停片刻後，她又大聲說：「我一點都不在乎，我心如止水。」而此時她的臉上依然帶著憤怒的表情。

我不知道這位帶著面具的女士是否曾經捫心自問，或者向其他人說過「我心如止水」。毫無疑問，這個氣憤的女士

是個更甚的偽裝者，在虛偽裡她就像隻鴕鳥。我不知道這兩個人哪個弱一些，也許是那個自我欺騙的人。

但是回到我們周圍那些臉上憔悴的人、緊張的皺紋，那並不是源於辛勞的工作或者深邃的思想，而是來自對工作沒有必要的緊張。如果我們不斷使用我們的意志來減少這種緊張，這樣就會得到更為祥和寧靜的生活方式，及更為安詳與有魅力的臉龐。

不平靜會特別顯現在眼睛中，我們很少可以看見一雙真正平靜的眼睛。當我們真的看到的時候，會是那麼地愉悅與美麗。我們越是見到不平靜的眼睛及臉龐，越覺得能讓自己趨於平靜是件很值得的事情，當然這種平靜不是帶著面具或者假裝出來的平靜。

上一章講到的練習可以幫助我們擁有一張平靜的臉龐。我們必須低下頭，感覺每一份壓力離開我們的臉龐，然後讓我們的頭盡量帶動身體向下，丟掉緊張。當慢慢抬起頭的時候，我們也要時時刻刻注意拋掉所有的緊張。深呼吸，不費任何力氣地吸氣，然後輕鬆地吐出，就好像是呼吸自己在進行。像小孩子把氣球吹飽氣，然後看著它們漏氣變小。每天用來保持平靜的五分鐘也許是很少的時間，但就是這五分鐘──如果堅持的話──會使我們對於不平靜變得敏感，最後會像本能一樣地甩掉這個包袱。

第十九章
聲音的高低

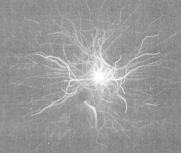

第十九章　聲音的高低

有一位上了年紀的德國人 —— 一位研究說話聲音的優秀老師 —— 指著自己的心窩說道:「古人相信一個人的靈魂在這裡,」然後聳聳肩,「那可能在,也可能不在 —— 但是我知道聲音的靈魂就在這。你們美國人,用聲音來摧殘生命,生命已經沒有意義了。」

那個老藝術家一語中的 —— 我們美國人,我們大部分人 —— 的確是用聲音摧殘著生命,如行屍走肉一般。我們用遍及周身的緊張來表達著生命,尤其在聲音裡更加明顯。我們的喉嚨肌肉緊繃、我們的胃部緊張不已;我們之中很多人在說話之前,那聲音就已經毫無聲色了。

看一看在嘈雜環境裡交談的人們、聽一聽他們如何聲嘶力竭地掩蓋所有聲音、想一想他們為了能夠被人們聽見所使用的緊張的力量。

實際上當我們處於嘈雜的中心,並希望可以被人聽到時,我們唯一要做的就是使用與我們周圍聲音不同的音調來說話。我們可以用較低的聲音交談,這跟使用較高的聲音交談一樣,可以讓人聽得很清楚,甚至更清楚;與使用較高音調說話相比較,使用較低的聲調交談所使用的力量要少得多。

舉個例子來說,假設用這種方法在一個吵鬧的工廠裡和一個人談上半個小時,交談後會覺得比一開始更輕鬆。因為

放低聲音必須丟掉一些過度的緊張，而丟掉過度的緊張總是讓人覺得舒服。

　　我請求所有的讀者下次在嘈雜的街上和朋友交談時使用這個方法。剛開始，用尖叫的聲音蓋過車輪聲音的習慣依然很強烈，如果我們說話聲音小的話，似乎就無法被人聽見。我們很難壓低聲音並保持不變。但是如果我們堅持並最終養成一個新的習慣，那麼這種改變是非常令人受用的。

　　還有另外一個困難。傾聽我們說話的人可能已經養成聽到高聲調聲音的習慣，所以在一開始很難適應較低的聲音，並因此堅持認為低的聲音不容易被聽見。

　　我們的耳朵是如此期盼高分貝，以至於它們不會積極地去調整以便聽到較低的聲音。這個現象很奇妙，但事實的確如此。因此，我們一定要牢記，如果想用較低的聲音說話並且能夠讓人完全聽見，我們必須祈求那些聽眾改變他們聽力的習慣，就像我們自己改變音調一樣。對說話者和聽話者來講，這個結果是值得花十倍的力氣去完成的。

　　隨著我們習慣性地降低聲音，我們的話語慢慢地不會再在說出來時「就沒有意義了」。用較低的聲音說話，與聲音有關的每一件事變得更為清晰與透澈，並且能對我們心裡想要表達的東西更快地做出反應。

　　除此之外，聲音本身也對我們的情緒有所影響。如果一個女人在爭論中變得激動，尤其是情緒失控的時候，她的聲音會變得越來越高，直到變成尖叫。聽到兩個女人「爭論」，就像人們常說的，聽見「貓的尖叫」。這也是唯一一個可以描述這種聲音的詞語。

　　但是如果其中一位女士感覺到她在爭論中開始緊張，於是開始降低聲音並堅持盡量降低，那麼另一位女士也就不會產生「貓的尖叫」了。

　　「貓的尖叫」是一個貶義詞，它描繪的是一種難聽的聲音。如果你曾經發現自己在爭論中與另一方用這種難聽的聲音說話 —— 跟自己說：「貓的尖叫」、「貓的尖叫」，「我曾經對著珍‧史密斯，或者瑪麗亞‧瓊斯，或者其他人，用『貓的尖叫』爭論。」那會讓你意識到這個詞的醜陋，然後非常誠摯地將聲音降下來。

　　下一次當你開始在爭論中變得緊張，聲音開始提高、提高、再提高 —— 你的耳邊就會響起「貓的尖叫」，那麼，出於自我保護，你馬上就會降低聲音或者結束談話。

　　給醜陋的東西一個醜陋的名字是很好的事情，這有助於我們了解這個事物並盡量遠離它。

　　我曾經參加過一個招待會，嘈雜的聲音近乎是咆哮。突

然一個老人站到了凳子上說：「安靜！」大家安靜下來之後，他說道：「各位最好降低音量說話。」

效果立刻顯著。每一個人繼續談論著同樣的話題，但聲音小了很多，這感覺既愉悅又平靜。

我觀察的人之中有六個人仍在大聲說話，我毫不懷疑地說，他們每一個人是如此「粗魯」。所以如果你用同樣的聲音說話的話，那也是「粗魯」，但是大部分的人並沒有那麼做，所以氣氛更為平靜，語調也更為悅耳。

泰奧菲爾・哥提耶說過：「聲音比我們身體的任何一部分都更接近靈魂。」聲音當然是靈魂狀態的一個強而有力的說明者。如果我們讓自己習慣傾聽周圍的聲音，就會逐漸地發現男人女人聲音裡不同的特質，如果我們可以感覺到自己聲音裡的緊張並馬上將其消除，我們就會得到相應的回饋。

我聽說過一位盲眼的醫生，他平常透過人們說話的聲調來判斷性格，很多人去看這位醫生，來聽他分析自己的性格，就像去見一個神算一樣。

有一次，一位女士誠心為這個目的而來。他說：「太太，您的聲音裡加入了太多東西，已經沒有自己的任何特點了 —— 我根本找不到屬於您真正的特點。」修飾聲音的唯一辦法，是讓聲音接受各種好的可能性 —— 讓說話者使用專有

的聲調，或者模仿好聽的聲線，直到掌握漂亮的聲音習慣。這樣的音色通常是不真摯的，其中的虛假明眼人很容易聽得出。

大部分偉大的歌唱家完全是假聲者，在他們的聲音裡沒有自己的東西。問題是，如果一個人真的想擁有美麗的聲音，這個人必須要有美麗的心靈。

如果你為了在爭論中獲得勝利，那麼你就要消除聲音中的緊張，你的聲音幫助你的心靈，同時你的心靈也幫助你的聲音。

它們互惠互利。如果你為了更平靜而降低聲音，那麼你周圍的聲音會變得更為悅耳動聽，心靈與身體的感覺也會互相影響感應。

這會使一位女士變得更富吸引力，並繼續使用音調較低的平靜語音 —— 如果某位讀者堅持每天用平靜的聲音與她交談五分鐘的話。

這會讓她對於自己紛亂的聲音更為敏感，從而幫助她有所改進。

第二十章
驚恐是根源

這裡有兩個真實但又有明顯差別的故事。一位神經科醫生去探望一位已經患了兩年神經衰弱的年輕女孩。在見到這個病人前，醫生已得知這個病是源於一次病人從睡夢中醒來，發現在她臥室裡有一個小偷而引起的驚恐。就在醫生進入病房的那一刻，病人跟他講述道：「醫生，您知道我為什麼得這個病嗎？太可怕了。」接下來就詳盡地描述了她那天突然醒來後看見一個小偷正站在衣櫥旁邊的經歷。

故事被這個女孩及她的朋友一遍又一遍地再現了兩年，直到這些反覆的記憶所引起的大腦緊張變得如此嚴重，似乎已經沒辦法拭去。她只不過是不能放下這段記憶，因此永遠也不會康復。

我們來看看另一個故事。這個女孩有著相似的遇賊經歷。後來的幾個晚上，她都在同一時間驚醒。前兩、三晚，她躺在床上，渾身發抖直到睡著。

她注意到當自己醒來時，每塊肌肉都緊張得要命，她提醒自己要盡量放鬆肌肉，不要神經緊張。女孩堅持這麼做，每次因為害怕而醒過來時，她馬上就會提醒自己放鬆。

不久之後，女孩有了這麼一個印象，覺得自己醒過來就是為了放鬆。過了不久，她就完全康復了，睡到早上應該睡醒的時候才會醒過來。

盜賊事件並沒有徹底毀掉她，相反地，卻促使她養成了一個習慣，在睡覺前丟掉所有的不安，因此她的神經系統變得更加強壯也更為正常。

　　這兩個女孩都有非常敏感又神經質的個性，而她們行為的不同僅僅是因為想法的不同而已。

　　這個神經科醫生又見到了一個病人，這個病人毫不掩飾她對神經緊張的抱怨：「醫生，我感到精神極度緊張，真是太可怕了，我真不知道該怎麼辦才好。」

　　然後她用一種奇怪而又栩栩如生的腔調講述了那個令她害怕的事情。的確是很恐怖，但是她講述的方式又平添了幾分恐怖。

　　最後，她終於暫停下來，醫生才插得上一句話：「夫人，您可不可以用盡量輕柔的聲音跟我說『我曾經歷了一次極為可怕的恐怖事件』？」她似乎沒聽懂，看著他，靜靜地重複著：「我曾經歷了一次極為可怕的恐怖事件。」

　　她有了些異樣的感覺。習慣性的大聲叫嚷稍稍減輕了些。醫生盡力讓她明白這麼一個事實：她談論和考慮事情的方式使她增加了焦慮感，而這正是她的病根。

　　慢慢地，隨著學會了如何減輕恐懼引起的焦慮，她明白了其中真正的道理；過度渲染的顏色漸漸褪去，她的病痊癒

了。她驚訝於自己恢復的速度，但是她似乎開始明白了整件事的過程，並且獲益匪淺。

如果這位女士有著更為敏感的特質，她便能更早康復；但是如果她有著更為敏感的特質，她也就不會大肆宣揚自己的恐懼了。

第二十一章
牴觸心理

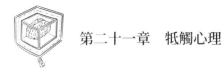

有一位女士，當她希望得到父親的允許做某件事情的時候，她卻不僅要表現出對父親的允許與否漠不關心，還要佯裝她的希望是與實際情況相反的。她說這很奏效，最終的決定總是與她所表達的願望相反，卻應和了她的真實想法。換言之，她已經知道如何控制她的父親了。

這樣的例子屢見不鮮。我們很多人都見過朋友間用這樣的方法來控制對方。只有一件事對這種精明的控制有影響：當一個人可能蓄意隱藏自己的想法，以便達成真實的願望是有困難的。任性是衝動的累積，當我們覺得不能隨心所欲時，它會衝到前面摧毀所有事情。或者，就算我們用所謂的「對立方法」達成了自己的目的，我們也會表達出與我們先前態度不相符的滿意，並毀掉朋友的信任，而這些朋友是我們費盡心思去影響的。

完美地運用「對立方法」需要小心的控制，直到完成。為了不被發現，我們在行為上必須要始終如一，以便我們逐漸進入角色，而隱藏在虛偽後面的這個過程必然是墮落的過程。除此之外，最高超的偽君子也只能在某種程度上欺騙別人。

但是當一個朋友只能透過「對立方法」來往的時候，我們要怎麼做呢？打個比方，如果希望這個朋友閱讀一本書，而你知道要阻止他閱讀該書的方法，就是說你很渴望讀到

它，我們要怎麼做呢？如果你想要朋友看一部劇，用漫不經心的態度提到你相信這部劇會讓他高興，你知道話一旦出口他就一定不會看的話呢？當屋裡的東西需要修理，你知道提醒屋主後他就會拖延，我們要怎麼做呢？如果為了獲得合作與贊同，我們必須隱藏自己的真實想法，而我們又做不到這一點，那麼要如何去與這些想法相反的朋友們來往呢？

只要懂得什麼是偽裝，沒有人可以故意計劃扮成一個偽君子。偽裝是欺騙 —— 是一種空中樓閣式的欺騙。沒有人會真正去尊重欺騙，就算最為聰明，最能贏得人好感的偽君子，也是欺騙 —— 虛偽與欺騙！

此外，沒有一個人能藉由欺騙與虛偽來控制別人而又不穿幫，當他現出原形的時候，他所有的能量也就沒有了。

事事反對的人的問題在於他們總是習慣拒絕。有的時候這種習慣完全是骨子裡的，並不顯現；有的時候卻是有內心的基礎，並且表現出來。

不管是哪種，有這種習慣的人總是存在這個問題 —— 直到他們自己能夠理解，「對立方法」不能解決問題，只不過是權宜之計，並不能真正奏效或者達到什麼目的，甚至不是永遠理智的。

與這類人打交道的第一要務，是不要懼怕他們的抵抗。第二點，與第一點很相近，甚至應該與第一點放在一起來

說，就是永遠不要用我們自己的抵抗來與他們的抵抗交鋒。

　　如果我們與別人的抵抗抗衡，只會徒增他的緊張。無論他有多麼錯誤、我們多麼正確，用抵抗來抗衡抵抗只會滋生麻煩。兩個心靈以這種方式互相影響，直到把本應成為朋友的人變成永世的敵人，把緊張封存於每個人的腦中。若不經歷痛苦或對人際交往沒有新的認識，這緊張是不能輕易消除的。

　　如果我們想要朋友讀一本書、去旅行，或者做些對他自己有利的事情，並且我們知道說出自己的期望後會引來對方的拒絕，唯一解決的方法是盡量用我們好的情緒去影響他，說我們必須要說的話，給出我們自己的選擇，同時表達出我們不介意拒絕的想法。每個人都是自由個體，我們沒有任何權利不去尊重他的自由，即使他使用這個自由去損害他自己或我們的利益。如果他損害了我們的利益而又拒絕做出讓步，那麼我們可以繞道而行，即使我們不得不放棄自己最想達成的願望。

　　如果他損害了他自己的利益，並且執迷不悟，我們可以給出建議或者做一切能做的事情來使我們的意見明瞭。但是如果他仍然一意孤行，那麼這是他自己的事情，與我們無關。

這需要去培養一種堅強的意志，用這種意志把我們明知會被拒絕的要求擺到朋友面前，不去對抗拒絕，就不發生任何的不愉快。當你這麼做之後，並且是完全地、一貫地、用盡心思地這麼做了之後，對方的拒絕就作用到了自己身上，他發現自己別無它法。當意識到這點之後，除非他的固執超過理智，否則他會開始主動摒棄這種對抗的習慣。

　　應付對立的心靈，只要不被發現，「對立方法」還是有效的，但是被發現的危險總是潛伏四周。誠實直接的方法是來自人類交往的可貴法則，並且最終會帶來更好的結果，儘管在這期間會有一些波折。

　　用最簡便的方法調整我們自己以適應他人的秉性並和諧相處，當然是來往的最好方法，但是容許我們自己去控制其他人是對他們的侮辱，更甚於對我們自己心靈的侮辱。

　　我們的人性存在於自由中，我們的自由也存在於人性中。當一個人努力去控制其他人的時候，便是像對待野獸一樣對付他們；而允許自己控制他人的人，也已把自己視同野獸了。

　　儘管這是一個既不需要辯駁也不需要誇大的事實，但是不太可能會有這麼一天，一個人對另一個人說：「你不能用那種方式控制我。」回答是：「你為什麼想要被控制呢？我為什

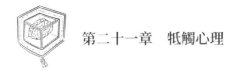

麼想要透過控制你來侮辱你呢？」

如果「對立方法」還沒有讓那個女孩形成習慣性的虛偽，也沒有對她父親扭曲的心理再產生作用 —— 這種心理是由習慣性的拒絕，以及對他所持有的錯誤觀點視若無睹而形成的 —— 那麼這個女孩和她父親到現在應該是可以互相理解的朋友了。

如果我們想要一個沒有偏見的大腦和一個良好又能自由運作的神經系統，我們必須尊重我們自己的自由及他人的自由 —— 因為只有個人獨立的時候，我們才能真正對他人有影響，以期待能達到好的結局。

很奇怪地是，看到習慣性拒絕的人自豪於他們沒有對其他人造成束縛，但他們並不知道正是對這種束縛的恐懼促使他們拒絕，而害怕被其他人影響是一個人陷於束縛裡最痛苦的形式之一。

受這種恐懼奴役的人不會停下來思考，他們馬上就拒絕一個請求，唯恐暫時的思考會使他們暴露於屈從他人意願的危險之下。

當我們就像願意拒絕別人一樣而願意聽從他們，那麼我們就自由了，就能聰明地考慮在我們面前的問題，根據我們最好的判斷做出決定。即使一個人願意服從任性的壓力 ——

這對他似乎是最好的選擇 —— 沒有任何任性可以逼迫他採取行動或者形成某種態度。

對一個人來說，更糟的束縛是恐懼的束縛。

第二十一章　牴觸心理

第二十二章
纏紉工作中的真理

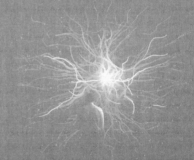

有句俗語是這樣說的：「我們的頭腦可以拯救後腳跟」，但是卻很少有人知道這句話的深層含義，或者遵從這句話後所獲得的自由與健康。

首先，我們會養成這麼一種習慣：如果一個女人覺得縫紉工作是件很累人的差事，那麼她就會想當然地認為她做縫紉工作一定會很累。有時她會感到煩躁，並抱怨說縫紉工作只會增加她的疲憊感。

有時她會一直在過度疲勞的狀態下生活，直到出現那根為她帶來某種器質性疾病的「最後的稻草」，或許再加上一根「稻草」置她於死地。

也許沒有人能夠意識到我們的腦袋不僅能夠拯救我們的腳後跟，還能夠拯救我們的心臟、肺、脊椎和大腦，甚至整個神經系統。

有時人們似乎更喜歡不停地工作 —— 處於持續的勞累之中 —— 生命中沒有了樂趣，卻不願意費點功夫去思考應該養成輕鬆工作的習慣。

不可否認，有時他們已經如此疲憊，甚至想用大腦去尋求如何擺脫疲憊這樣的小小的要求都很難達到。

儘管人們知道在沒有壓力且舒適的條件下工作，不僅對身體有益，而且可以使工作效率提高，但是他們看起來卻更

加習慣於工作在壓力與不適之下。

　　一個人想要輕鬆的工作必須要有大腦的活動，這種活動與實際工作的活動是完全不同的。同時，日復一日的勞作也需要適時地讓大腦輪流休息，或者是說讓大腦的某個部位得到充分的休息。不僅如此，如果一個人能夠養成這種好的工作習慣，他的生活也會變得更加快樂、更加充實。如果我們相信以上所講的事情，那麼對頭腦來說，學習拯救腳後跟，或是使整個身體更加精力充沛地做事，是一個再簡單不過的事情了。

　　就拿縫紉這個工作來講，如果一位女士必須完全不休息地去做一整天的縫紉工作，那麼能讓她在上午和下午各拿出十到十五分鐘的時間去休息，她會覺得非常感激，而且能將工作做得更好。很明顯，如果不願意拿出那半小時的時間去讓她休息的話，那麼簡直是太缺乏常識了。換一個角度說，如果這位女士是和其他人一起做這項工作，要是老闆不允許她們每天休息半個小時的話，那麼這個老闆也是太缺乏常識了，因為他根本不清楚適當的休息不但能使員工更好地工作，而且能使他們在工作當中保持更加健康的狀態。

　　我認為所有人都應該在這樣的情況中注意到疲憊這個事實，並且應該很迫切地希望自己改正這個錯誤。

首先，我們不曉得，其次，我們缺乏明智的思考；而這兩件事卻是我們完全有能力做到的事情。

我要順便地說一說健康縫紉裡的要素。

首先，婦女不應該也絕對不允許在汙濁的空氣中進行縫紉工作。因為在進行縫紉工作的時候，工作的姿勢或多或少會使胸腔變得狹窄，所以肺部就更需要新鮮的氧氣，否則血液會失去動力，工作的欲望會降低，神經也會使肌肉緊張起來。如果她們能從空氣與食物中得到充足的營養，那麼她們會覺得工作更容易一些，效率也會有所提升。

其次，如果工作會讓我們的肌肉持續朝同一方向用力的話，我們要適時地進行適當的活動，將肌肉向相反方向拉伸。

如果一個人持續地寫字，那麼他一天當中要休息幾次，並且要盡量伸展手指，這樣會讓手指緩慢地放鬆下來，那麼他就不必擔心患上「寫作麻痺症」了。

女人做縫紉工作的時候，胸腔收縮，胃部下沉，頭部向前彎曲。所以一天至少要休息兩次，提升胸腔與腹腔的空間，要知道這種提升也可以使肩部得到休息。同時，要將頭部向後仰，停在那個方向做一次平緩的呼吸，然後將頭部緩慢向上抬起，像輕輕嘆氣一樣再做一次緩慢的呼吸。這樣肺部就可以逐

漸恢復習慣的呼吸狀態，然後再進行一次上述的動作。

如果這位女士在繼續她的縫紉工作之前，重複三次以上的練習，那麼效果會非常明顯，會讓她重獲神清氣爽的感覺。

其實，一次這種練習最多花費兩分鐘就足夠了，然後準備好重複做下一次。

也就是說做三次這種練習才用了六分鐘的時間。

深呼吸和改變姿勢所產生的活力能輕易彌補花費掉的這六分鐘。一天當中做三組這樣的運動頂多用掉十八到二十分鐘，然而，它所帶來的好處卻會超乎想像。

第三，我們絕對不能用一種蜷縮的姿勢來做事。雖然那些練習能夠幫助我們從蜷縮的姿勢中恢復過來，但我們卻不能期待這種練習會幫助我們太多，除非我們在工作的時候就盡量舒展自己。練習使我們建立了一個新的標準，而這個標準可以讓我們對錯誤的姿勢變得敏感。要經常注意當我們的胸腔受到擠壓，並對腹腔形成壓迫的時候，我們要做拉伸動作，這也是我們在做縫紉工作時所面臨的問題。健康的姿勢會成為第二本能。

第四，我們是用手和手臂來進行縫紉的，而不是脊椎、頸部或是腿來做事。縫紉時不必要的緊繃會讓女士感到更加

疲憊。為了避免這種事情的發生，要對這種狀態非常敏感，一旦察覺必須更正。要一直有意識地避免緊繃的狀態，直到確實養成不帶任何壓力的工作習慣。在呼吸練習之後將頭部輕微上揚可以緩解緊繃的壓力，這麼做的話，開始縫紉時我們就會更加注意壓力的出現。我們對壓力的出現越是在意，我們就會越快地釋放這種壓力。

　　如果我聽到有人說：「我沒有時間也沒有精力去做上面的練習」，那麼我的回答是：「這樣的練習最終會幫助你節約時間和精力的。」

第二十三章
匆忙的害處

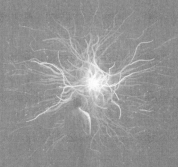

有誰能在匆忙的狀態下做好事情？有誰能在匆忙的狀態下看清事物？又有誰能在匆忙的狀態下期待能夠保持健康又強健的體魄？

但是大部分的讀者會說：「我並不總是那麼匆忙，我只是時不時地在必要的情況下才著急。」

我對此的回覆是：「證明一下你說的話。」稍稍審視自己，看看自己是否習慣性地處於匆忙之中。

如果為了能夠消除匆忙的狀態，你願意認真地觀察自己，期待發現自己是否真正匆忙？那麼你會驚訝地發現其實那些匆忙的細胞已遍及你的全身。

問題在於我們匆忙的標準很低，為了提高標準，必須消除妨礙我們健康生活的匆忙。

當摒棄了所有存在於身上的匆忙，我們對安靜、從容不迫的做事標準也會隨之提高。我們對匆忙會更加敏感，匆忙行事對我們也越來越不適合。

要是在晚餐時間或六點鐘下班的話，很多女士幾乎是爭先恐後地離開。她們會匆忙穿好衣服、別上帽針，然後跑出去，就像晚餐馬上就要消失一樣。

我們會在任何大城市中看到類似的場景。在午休或下班時間到來的時候，一些店員會匆忙地離開。

大致計算一下，由於匆忙離開而節省的時間，我們會發現最多也就是三分鐘。如果權衡一下那三分鐘對身體和精神帶來的損失，節省的那三分鐘會損失許多小時，甚至是幾天的時間，因為這樣的習慣性緊張會導致疾病產生。

　　可以肯定，如果一位女士這麼匆忙地離開工廠或商店直到回來工作，她是不會放慢速度的。實際上，一旦讓大腦或者身體開始經歷這種誇張的刺激，在沒有意志力的幫助下，我們是不能平靜下來的。如果大腦被這種匆忙的習慣所蒙蔽，以至於以為沒有其他更好的出路，我們又怎麼能夠使用自己的意志力呢？

　　前幾天，一位在某家大工廠工作的女孩催促著一位就像母親一樣和善的民宿管理員說：

　　「這頓飯我等了太久，實在是糟糕透了。我已經吃完了正餐，在這裡等甜品足足有二十分鐘了。」

　　管理員平靜地抬頭看了看鐘，十二點十分。

　　「您幾點鐘進來的？」她問道。

　　「十二點。」

　　「您已經吃完正餐了？」

　　「是的。」

　　「等甜品二十分鐘了？」

「對！」（脾氣暴躁地說）

「怎麼可能？您十二點進來的，現在是十二點十分。」

當然這個女孩無言以對。她是否會將這件事銘記於心，並因此讓自己平靜的標準提高一些，我就不得而知了。

片刻的煩躁會在一個人的大腦中儲存巨大的壓力。

我故意使用「巨大」這個詞，是因為一旦形成了緊張，就很難移除，特別是每時每刻我們都在加劇這種緊張。

匆忙而導致的緊張會使大腦及身體收縮，根本不可能自由放鬆地工作，更不可能完成在放鬆狀態時可以完成的工作量。

這種匆忙的緊張會使大腦處於迷茫狀態，所以根本不可能做出公正的判斷。

整個神經系統和肌肉系統將因此過度收縮，以至於身體不能吸收本應吸收的食物營養及新鮮的空氣。

有很多為討生活而工作的女士，也有很多並不是為討生活而工作的女士，從早上開始一直到睡覺都很匆忙；她們不得不匆忙地入睡，匆忙地醒來。

大多數情況下，每天的工作看起來都是十分充實的，而且一個人時間有限，他根本不可能做完所有計劃要做的事情。但是當你冷靜地思考一下就會發現，重要的事情其實只

用三分之二的時間就可以輕鬆解決，剩下三分之一的時間可以用來休息和娛樂。

而且，如果這一天必須要排得滿滿的話，那麼一件接著一件地做事情會令我們感到快樂，工作一天之後也只是健康的疲憊，一夜好覺就會讓我們完全恢復。

匆忙的感覺會妨礙我們工作，而不會有助於工作的完成，這一點是很明顯的。越是放鬆地處理手頭上的工作，我們越能在精力旺盛的狀態下快速完成它。

首先要了解我們自己 —— 找出我們何時是真正匆忙，如何匆忙，以及為什麼總是讓匆忙的感覺相伴左右。如果我們能夠欣然而愉快地了解自己，那麼補救的辦法就在眼前。

我們的本性總是站在悠閒的一邊，並且會以更高的安逸標準來幫助我們，如果我們留心去尋找，那麼就一定會發現這一切都是根植於我們內心的。

每天靜下心來做五分鐘的深呼吸去感受悠閒恬淡，這將會帶來極大的幫助。當我們發覺自己處於急躁當中時，請停止一切活動，回想我們所了解最寧靜的狀態，只需要幾秒鐘的時間，卻大有裨益。

有條不紊，我們應該時時刻刻銘記於心。

「智者言：欲速則不達。這樣的例子不勝枚舉。無論何

時，當匆忙的念頭蜂擁而至，請記得踩煞車，要做到有條不
紊。」

第二十四章
照顧病人的技巧

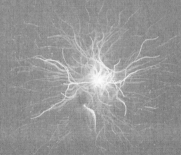

想要真的好好照顧病人，不但需要知識，還要有智慧、耐心以及高超的技巧。

少少的知識也會產生大作用。我們沒有必要成為專業護理師，目的僅為幫助我們的朋友耐心而平靜地對待疾病，並做出相應的調整，以便他們能夠因為我們的照顧而早日康復。

有時候如果我們只能早晚各陪病人十五分鐘，那麼我們就該這麼做；而且這樣也能發揮直接治療的作用，因為我們的病人感受到了最好的照顧方式，並且有足夠的信心來採納我們的建議。

我們應該盡量用心靈與病人交流。

一名以資優生畢業，有實踐能力，並且知道應該做什麼，以及何時做什麼的專業護理師，可能仍然持有自大的態度，堅持她為了病人的病情所做的每一件事：減輕，舒緩以及康復療養，都是遵循「專業」的精神，而這種精神是工作的基礎。

然而沒有太多護理知識的人，卻能在自己出現的那一刻，就產生出一種病人可以感受到的寧靜自然氛圍。

過度的親切不僅令人生厭，對病人也是一種巨大的累贅。

忙著表現親切的人根本不在乎病人的感受，他們總是執著於自己那自私的友善與自大。

我記得有一位因為三叉神經痛而承受巨大痛苦的女士，她的一位朋友很自豪自己可以照顧她，與她呆在漆黑的屋子裡，燒熱水來舒緩她的面部疼痛。但也正是這位朋友，在燒水時裙子所發出的沙沙聲不但讓熱水帶來的輕鬆蕩然無存，還加劇了這種疼痛，讓這位女士的神經狀況更加惡化。

當有人生病時，人們表現了太多的「關切」了。

他們聊天試圖讓病人高興，殊不知病人急需的只是休息片刻。

他們像木頭一樣坐著、一言不發，殊不知輕微的幾句話就可能轉移病人的注意力，並創造一個有利於健康的氛圍。

或者他們的談話以及讓病人快樂的方法確實很有幫助，但卻不知道何時停止，結果弄得病人太過勞累，前十五分鐘的良好效果也消失殆盡。

他們讓屋裡明亮如畫，「這樣看起來很舒服」，殊不知病人希望能在黑暗的屋子裡稍作休息；有時病人希望體會陽光的快樂，而他們卻拉上窗簾。

他們自以為是地做東做西，殊不知病人只希望完全的安靜。

他們表現了太多的關切，不過其實病人最需要的還是不被打擾。在這些難以忍受的關心裡有一個隱藏的祕密：這些人對於他們自己的高興，以及滿意於自己的善舉更感興趣，而不是讓他們所關心的朋友感到高興。另一個麻煩是常見的無知。有些女士可以很高興地奉獻出任何東西來幫助朋友康復，她們可以毫無怨言地奉獻出時間還有精力，但是卻不知道怎麼照顧病人。本來滿心以為可以帶來幫助，到頭來卻事與願違，她們總是因此感到心灰意冷。在照顧病人時，首要之務是寧靜與歡愉。第二點就是要了解在不打擾病人的情況下，什麼才是能夠幫助病人康復的必要條件。第三點是把這些條件付諸實施，並盡量不要造成麻煩。

要透過觀察而非詢問，找出病人喜歡什麼以及如何喜歡。

當然偶爾有些問題必須要問。如果我們得到的是一個粗暴的回答，不要生氣，這應該歸咎於疾病；如果我們還能找到除了出言暴躁外，其他最適合病人的東西，我們應該感到高興。

如果我們看到病人總是抱怨因而增加了她自己的痛苦的話，我們不能直接告訴她抱怨對病情毫無益處，應該用一個方法讓她了解這件事情，從而減輕痛苦。

正常情況下，無論多麼正確的建議都只會讓病人感到煩躁，並讓她沿著錯誤的道路漸行漸遠。但如果是柔和委婉地提出，讓她覺得是自己發現你要告訴她的東西，那麼就會對她的康復產生奇效。

　　如果你想用一種真正能幫助病人康復的方法來關心他們，就必須觀察和學習，並且永遠不要對他們的怒氣耿耿於懷。

　　確保他們有適量的空氣、按時吃飯並攝取足夠的營養。可以的話，就讓他們以自己的方式來行事，不要妨礙到他們為了恢復健康所必需做的事。

　　要記住，有時晚一點發現也比迫使病人接受他不願接受的事情來得強，尤其是抵制情緒明顯有害健康的時候。

　　寧靜、愉悅、陽光、空氣、營養、整齊的環境及適時的獨處，這些都是業餘護理師根據自己的判斷，以及對於那個病人的了解而應該注意的。

　　正如我所說，為了這個目的，我們必須學習並觀察、觀察並學習。

　　我並不是指當我們「下班」的時候一定要做所有的事情，而是指當我們在關注病人需求的時候要全心全意。這樣一來，每一刻以及每一個想法都是病人最受用的，不再是我們的臆測。

這種關心的努力不光對病人，對護理師也是同樣開啟了嶄新又有趣的一扇門。

第二十五章
習慣性生病

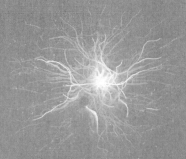

第二十五章　習慣性生病

不知道有多少病人已經痊癒了，自己卻還沒意識到！當你感覺自己病了，難受的日子一天接著一天，如果被告知你根本沒什麼事，實在不是一件高興的事情。能期望誰會相信呢？我想知道有多少沒有意識到自己已經痊癒的人會讀到這篇文章，這些人之中又有多少會聽從我的建議，真的去用一種能夠讓他們發現，並接受真相的方法來審視自己？

神經緊張會形成習慣，神經實際上是在它們自身形成習慣。如果一位女士曾經受到器質性問題的困擾，而這個問題已經引起了某些神經性的不舒服；當器質性問題被治癒後，在一段時間內，神經仍然傾向於繼續存在相同不舒服的感覺。這是因為在生病期間，神經已經形成了這種不舒服的習慣。接下來的時間就是用意志來克服這種習慣。但問題是，當醫生告訴這些神經問題的受害者他們根本沒什麼事的時候，他們是不會相信的。「現在我還是像生病時一樣難受，」他們說，「我怎麼可能沒事？」如果足夠幸運，醫生讓他們相信只不過是生病期間形成的神經習慣讓他們難受，如果他們能夠理智地運用意志力來克服，就可以在幾週之內從似乎已經病了好幾個月 —— 甚至好幾年 —— 中康復。

神經會形成疲憊的習慣。一個女士可以在一段時期內過度疲勞，並且對那個勞累有著如此強烈的印象，以至於在下一次當她稍稍感覺疲憊的時候，她會相信自己非常疲憊。她

的生活也以這種狀態繼續，直到疲憊的感覺已經在她的神經裡形成習慣，她相信自己無時無刻不在疲憊 —— 但是一旦了解了事情的真相，她就可以隨時感覺輕鬆。

　　通常由神經衰弱導致的神經習慣問題較難克服。勸說一個有這種問題的人去擺脫困境也同樣困難，因為他的神經會努力讓他相信每天只能如此 —— 儘管他可以做得更多、更好。如果知道了神經習慣的真相並且有所行動，很多持續了好幾年的神經衰弱可能在幾個月內就被治癒。

　　神經可以形成壞習慣，也可以形成好習慣，但是所有壞習慣裡最不好的，恐怕就是生病的習慣。這些生病的壞習慣揮之不去，它們是如此真實。「我不想這麼受罪，」我聽到一個病人說，「如果這只是一種習慣，難道你認為我會不想在一分鐘之內就擺脫它嗎？」

　　我認識一位年輕的醫生，他在當地治療神經問題小有名氣。有一個住在遙遠國度的人碰巧聽說了這位醫生，那人生病已經有些時日了。我的這位醫生朋友收到那個人的信時很驚訝，信中的那人詢問這位醫生是否可以花時間與他同住，並且對他進行治療，他可以給這位醫生一個月的收入，甚至更多，來作為酬勞。

　　這個醫生總是對於神經問題的新領域很感興趣，恰好那時手中也沒什麼嚴重的病例，於是欣然前往，就如那人期望

的那樣去治療他。當到達時醫生發現這個病人很有意思。他仔細聆聽了病人對於這麼多年疾病的描述，又詢問了屋子裡的其他人，然後就去睡了。早上醒來時他有一種難以名狀的沮喪。在探究病因的時候，他回想了前一天的對話，發現心裡有了一個很難承認的疑慮，第二天快要結束時，他跟自己說：「對想要知道的東西沒有更完整的了解，就大老遠地跑過來，我實在是太笨了。這個人已經痊癒好幾年了，自己卻不知道。是過去疾病的習慣在影響著他，他的病在十年前早就好了。」

　　第二天 —— 早餐之後的第一件事 —— 他散了很久的步，以便想清楚應該怎麼做。最終，他決定既然已經答應逗留一個月，就要恪守承諾。告訴病人事情的真相沒什麼用處 —— 這個可憐的人是不會相信的。這個人任性又自我中心，他那僅僅來源於生病習慣的痛苦和不適對他來講是真實的，就像過去的感覺一樣。幾名醫生已經加強了他相信自己生病的意識。有一個醫生 —— 我的朋友是這麼聽說的 —— 很清楚地知道病因，並暗示了他，然後馬上就被辭退了。我的這個朋友知道這些困難，所以當他決定唯一正確的事情就是留下來的時候，他發現自己很想去接近這個病人，並且有信心說服他接受事實。很高興的是他的努力沒有白費，這個病人最終明白只要努力，自己就會痊癒。他從來沒有意識到

自己是一個健康的人，卻讓舊習慣困擾了這麼長時間。他得到了一個嶄新而又健康的觀點，對於改變他的人有著發自內心的感激。生病的習慣已經使他的大腦遲鈍太多，以至於不能意識到自己的真實情況了。

能夠讓這類病人開竅的唯一方法，是慢慢地開始並引導他走出困境 —— 永遠不要透過激烈反抗的方式。我提到的這位年輕醫生之所以成功，僅僅是藉由跟他的病人成為朋友，並一步一步地引導病人去發現醫生一直告訴他的事實。幫助其他人的唯一方法，是幫助他們去幫助自己，這一點尤其是解決神經問題的良方。

如果你，我的朋友，是如此幸運地發現你的疾病是生病的習慣使然，而不是疾病本身，不要期望馬上就打破習慣。慢慢改變，多用頭腦。改變習慣的時間可以比形成習慣的時間短，但是絕不可能一蹴而就。首先，確定你不舒服的感覺，無論是眼睛、鼻子、胃部、脖頸、頭頂，還是其他的任何地方，都只是習慣的問題，然後逐步地改變，但是始終不要太過注意它。一旦你發現自己的健康能夠有所好轉，並且意識到自己已經比那些習慣更為強大，那麼這些生病的習慣就會變弱，最終消失殆盡。

當疾病找上某人的時候，可以說它就有了話語權，可以左右情況 —— 屈服於此是開始建立習慣最有效的方法，並

且讓自己更難察覺到康復，而疾病已經給這種習慣開了頭。另一方面，完全適應疾病並用我們的本能去對抗它是可以的，懷著希望健康的態度來對待這件事，能夠削弱疾病的威力。人的天性總是渴望健康，所以要讓自然規律站在我們這一方。如果一個人心裡的態度是健康的，那麼當他痊癒的時候他就痊癒了。他不會讓疾病習慣困擾太久，因為他永遠不會讓疾病控制自己；這個人從一開始就削弱了疾病變成習慣的可能，所以它們不會有太大的影響。如果用正確的方法行事，並且理智地堅持這麼做，那麼我們就可以隨時用好的習慣來對抗壞的習慣。

「你知道我在多年前就已經深受這個病的困擾，我從來沒有從生病的感受中恢復過來。」聽到這些話一定會很有意思，同時我們知道是病人自己，或者說是神經習慣，一直讓他困於疾病的感受裡，他曾經忽視或不願意使用自己的意志力來打破這些壞習慣、獲得健康的習慣；而這健康的習慣其實早已準備就緒。

那些高高興興把自己的心態轉向健康的人會獲益匪淺。

當然，生病的習慣——無論是頭部、腸胃，或兩者同時發作——繼承下來的時候，要比我們首次生病而形成的習慣更難被摒棄；儘管困難，它依然有可能被改變。改變之後，從堅定理智的努力裡得到的力量，會完全補償這個任務的艱辛。

一個人一定不可以對自己的壞習慣感到厭煩；當壞習慣持續的時候，它有一定的力量，並能形成非常強大的作用。務必要一點一點地處理 —— 耐心並持之以恆。有時候這些壞習慣似乎有智慧 —— 你越不重視它們，它們就越倡狂。在忽視疾病的過程中，要果斷地採取行動，這個過程可以幫助我們更容易地擺脫疾病。當習慣中最重要的部分被打破之後，它就削弱了，似乎自己消失了，然後我們在某一個美妙的清晨醒來，壞習慣已經消失了 —— 真正地消失了。

　　很多人陷於壞習慣的牢籠只是因為他們不知道怎麼走出來 —— 而不是因為他們不想出來。如果我們想幫助朋友走出生病的壞習慣，首要的任務是要確定那是一個習慣，然後要記著，如果沒有善良的同情及愛心的話，建議是很少奏效的。實際上，如果建議裡沒有同情，或者充滿著輕視，只會讓病人痛苦地離建議者越來越遠，離她的壞習慣越來越近。我們能夠做的是隨時隨地給出建議 —— 這建議或許可以讓人發現真實的情況 —— 然後，如果她對自己的發現很感興趣，並向我們訴說的時候，不要說：「是的，我早就這麼認為。」除非你可以提供幫助，並且這個幫助是真正被需要、被接受、有用的，否則你最好置身事外。

　　如果對任何人說的話和做的事只會引起怨恨，使腦子裡已經存在的錯誤信條愈加印象深刻，一定要小心。世界上超

過一半的功能性和神經性疾病是由壞習慣造成的，無論這些壞習慣是後天形成的還是先天繼承的。

那些能自己發現事實的人是很幸福的，他們會利用從發現中衍生出的智慧與耐心，直到自己已經從束縛中脫離出來。那些願意改變任何錯誤的信條或偏見，並且認識到那是與真實相違背的人，是很幸福的。

第二十六章
什麼使我如此緊張？

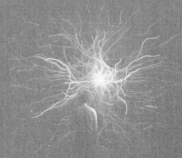

導致女人緊張有兩個原因：一個是她們不能理智地控制自己的身體，另一個是她們不能控制自己的情緒。

　　我認識一位女士，她寧願讓自己變得不幸，也不願正常地吃東西和在新鮮的空氣中運動。

　　「每個人都反對我。」她說。如果你回答她：「親愛的，妳吃下太多沒辦法咀嚼，不健康的，不能消化的食物來填飽妳的胃，妳正在跟自己過不去。」她會愁眉苦臉地看著你，問你怎麼會如此「注重物質」。她說：「沒人愛我，沒人對我好。每個人都忽略我。」

　　你回答：「當妳總在哀訴抱怨的時候，別人怎麼會愛妳呢？當妳總是因為任何一個友好的關注不符合妳的要求，而憤怒抵制的時候，別人怎麼會對妳好呢？實際上，當妳自己不付出，妳又怎麼能期待從別人身上有所獲得呢？」

　　她回答：

　　「但是我是如此地緊張，我在忍受痛苦，他們為什麼不能憐憫我一些呢？」

　　「親愛的，如果一位女士走到地下室，因為覺得寒冷而放聲痛哭，而此時新鮮的空氣及溫暖的陽光就在外面，妳會不會給予她憐憫？」

　　這個女士總是感覺寒冷。她晚上蓋了好多層被子，光是

重量就足以讓她生病。她睡覺的時候，屋裡的暖氣要開著。如果她整天沒什麼其他的事情好抱怨，就會抱怨寒冷。她讓腸胃承受著巨大的壓力，以至於腸胃要用盡她所有的能量來處理食物，從而沒有多餘的能量來抵禦寒冷。當然她也拒絕在清新的空氣中進行愉快的散步；如果她能散散步並且盡情享受，那會促進血液循環，使血液中多些氧氣，幫助腸胃更好地運作。

如果一個女人不遵從所有的神經健康法則，她又怎麼能期待她的神經不出現抗議呢？神經本身是敏感的、易受影響的——直接影響著健康。

「不要給我這些不必要的工作！」腸胃哭訴，「不要用亂七八糟的東西填滿我！不要把一大塊食物塞進來，要嚼一嚼！那麼當食物到達這裡後，我就不必獨自承受應該由我們倆一起承擔的工作了。」

可憐的胃，這個與大腦緊密相連的神經中樞，不斷地抗議。它的主人把這些抗議翻譯成：「我真不高興。我不得不過度努力地工作。沒有人愛我。唉，我為什麼這麼焦慮？」

血液也哭訴：「給我多點氧氣。我不能供給肺部、腸胃和大腦足夠的氧氣來讓它們正常地工作。妳在新鮮的空氣中做些運動吧！這會讓我真正充滿氧氣，並提供好的、健康的能

量給身體。」

那個不呼吸新鮮空氣、不吃正確食物，也不咀嚼所吃食物的年輕女士還經常做另一件事情：外出散步時，她好像在與清新的空氣作戰；走路時一直抵抗、身體緊縮，所有肌肉都繃緊，就像被繩子捆著一樣。她臉上的表情是一種痛苦的緊張與忍耐；聲音裡充滿了抱怨。吃飯的時候，她或者狼吞虎嚥，或者帶著挑剔、輕蔑地拒絕食物。任何一個真正希望解脫自己，使自己變得健康和強壯，滿足與幸福的緊張女士，會在這些描述中看到自己的影子，儘管可能稍微有些誇張。

你有沒有見過一個疲倦、饑餓的孩子拒絕食物？母親試著把奶瓶放到他的嘴邊，小孩哭鬧不停，把頭扭開、揮舞雙臂，好像母親給的是帶有苦味的東西一樣。而最後，當母親成功地把食物放到孩子的嘴裡時，你就會很高興地看到相反的情景：孩子看起來是這麼安靜滿足，他的小身體也滿意地舒展著。

緊張的女士有著相同的行為趨勢，這使她自覺或不自覺地抵抗鍛鍊和清新的空氣，抵抗好的食物以及正確的進食方法，抵抗每一件有益的事情，強化自己的緊張，對任何一件不舒坦、虛弱和具有長期壓迫感的事情牢牢抓著不放。

還有一件事情是這個女士拒絕的：休息。誰見過一位勞累的女士越來越辛苦地工作，直到自己呈現緊張發怒的狀態，最後不得不屈服於這種力量？誰見過還是這位女士，當她稍作休息後又馬上用盡全力去工作，而不是等著身體的能量完全恢復，再去工作，使體力保持平衡？

　　「我希望我的母親不要再做這麼多無謂的事情了。」一位焦慮的女兒這樣說。

　　過了幾天，這位母親疲憊不堪地進了家門，滿臉筋疲力盡的神情，聲音也軟弱無力地說道：「在我坐下之前，我還要去看一眼可憐的魯賓遜夫人。我聽說她得了嚴重的神經衰弱。太不幸了！她為什麼不能好好照顧自己呢？」

　　「但是，媽媽，」女兒說，「我已經去拜訪過魯賓遜夫人了，帶了一些花給她，還告訴她當妳聽說她生病的時候，妳是多麼難過。」

　　「親愛的，」疲憊的母親聲音中有著一點點生氣，「真的很感謝妳，但那不是我自己去的。我已經知道她病了，如果今天不去一趟的話，會非常失禮，我是不會原諒自己的。」

　　「但是，媽媽，妳太累了，妳需要休息。」

　　「親愛的，」母親的聲音中充滿著自豪，「我永遠不會累到連拜訪鄰居都做不到。」

當她走出房門的時候，她的女兒放聲大哭，把已經累積了幾個禮拜的壓力統統釋放。

最後，女兒哭完感到輕鬆，揚起嘴角。一抹微笑浮上了臉龐。

「一個有壓力的女人去解脫另一個同樣有壓力的女人——如果這不是盲人給盲人引路的話，我實在不知道是什麼。我真想知道媽媽什麼時候才能清醒過來。」

同樣的故事可以是女兒對母親的回憶，也可以是母親對女兒的記憶。實際上，這樣的事情存在於很多家庭以及朋友之間，以不同的方式層出不窮。

這是對於任何女士「我為什麼如此緊張」的第一個答案。因為妳並沒有做運動、呼吸新鮮空氣、攝取營養以及充分地休息。

自然規律是趨於健康的，你的整個身體系統是趨於健康的。一旦你能夠審視自己並且變得明智，你就會找到一個強大的力量來引導你前進，並訝異於你前進的速度。在自然規律完全帶領之前可能需要一些時間，因為當一個人不按常理行事太久的話，是需要些時間來重新調整的。但是當我們開始以健康的法則行事，而不是與之作對，我們馬上就會進入健康的河流，恢復速度要比我們置身事外的時候快一些，這

是因為當初我們總是習慣性地去抵制。

　　女人焦慮的第二個原因，是她們不能控制自己的感情。時常不愉快的情感壓力讓女士焦慮。當我們真正意識到這一點，我們會發現這個女士不能隨心所欲的時候，緊張就出現了。她的錢不夠用；她不得不與自己不喜歡的人住在一起；她覺得人們不喜歡她，常常忽視她；她堅信自己有太多工作要做；她希望生活可以更美好等等。

　　有時女人完全清楚她什麼時候，以及為什麼不能隨心所欲；她也知道自己在煩躁什麼，她甚至還知道她的煩躁是讓自己疲憊及神經過敏的根源。有時女人也完全不清楚是什麼讓她處於神經過敏的長期壓力之下。我曾經見過一位女士，自己不知不覺強烈抵抗周圍的環境跟人，並完全受此影響。她這麼費力地去抵抗，以至於有一半的時間都處於疾病之中。在這些例子中，緊張是雙倍的。首先，有來自於長期抵制的人或環境的壓迫；其次，有來自於反抗的壓力。對其他人裝腔作勢已經很不好了，但是如果同時也對自己這樣，壓迫就會成倍地增加。

　　如果一個神經科醫生對他的病人說：「夫人，您必須停止胡思亂想，您的神經沒有能力再來承受這些了。」恐怕在大部分的情況下，這個女士會非常生氣，回到家裡會更嚴重地胡思亂想，神經衰弱就會更厲害了。

我曾見到一位女士，她不得不讓一位親戚與她同住，因為這位親戚「令她不安」，而大聲叫嚷，情緒異常。在這位親戚離開後，這位女士依然大聲叫嚷，情緒異常，因為她覺得把「蘇菲亞表妹」送走是個錯誤的決定，然後這個可憐、無辜，而不說任何怨言的親戚又被帶了回來。這位神經過敏的女士從沒有想過「蘇菲亞表妹」是沒什麼問題的，問題完全來源於她自己不斷的憤怒以及抵制的方式。

　　我不知道「蘇菲亞表妹」被送走以及叫回來多少次；也不知道在我這位神經過敏朋友的生活中，有多少其他的事情被扯成碎片，然後又要破鏡重圓。因為她還不知道她神經過敏的原因完全在於她本身，也不知道如果她不再抵抗「蘇菲亞表妹」愚鈍的特點，停止對抗生活中其他不適合她的方面，並且開始運用自己的意志力來接受她總是對抗的事情，她的擔子就能輕鬆卸下了。

　　由公平引起的神經緊張是很棘手的，因為大部分處於這種壓力之下的女士，並不在乎什麼才是公平。我認識一位女士，她擔心的只是幾分錢的事情，卻拖延了好幾個月不想付給別人一大筆錢，而這筆錢是那個可憐人應得的，並且她知道那個人很需要這筆錢。神經緊張下的良心根本是名不副實。還有一位女士擔心欠了另一位一個人情，於是費了好大的力氣彌補；但就在同一天，卻對另一位朋友顯示了她的冷

漠無情、尖酸刻薄，她深深地傷害了那位朋友，卻沒有絲毫的愧疚。

神經過敏女士的情感總是讓她偏離問題的真正原因，並且使她緊張。她期望事事順心 —— 但對此又滿懷擔心 —— 這讓她的大腦混亂，結果神經就影響了與主要情感毫無關聯的那些情感。那位有著麻煩親戚的女士想要展現自己的心地善良與慷慨、那位有著金錢煩惱的女士希望在與其他人的交易中展現正直，所有神經緊張的女士都希望能夠減輕痛苦，這是為了安慰她們自己 —— 而非為了做正確的事情。

在我描述的第一個案例中，神經壓力藏得更深、更難發現。看著這個女士就像看著她在做一場惡夢，卻又不斷自鳴得意地用「糖衣」加以掩飾。在成千上萬位可能讀到這些文字的神經過敏的「聖人」中，如果有一個人藉此解脫自己，那麼再多寫上萬遍也不嫌多。那些不能解脫的神經過敏的人會病得越來越嚴重，直到最後他們似乎除了責備關心他們的人之外毫無它法。

混亂的情緒是最大的麻煩。女人開始感到神經緊張，而緊張引起了激動的情緒，這些情緒繼續引起其他的情緒，直到到達激動與痛苦的極限，在任何時候被誰觸碰到臨界點就會爆炸。當一個女人情緒激動並且已被情緒左右的時候，她就不可理喻了，任何以為女人會在這種情況下還能保持理性

的人，會發現自己大錯特錯。

對於女人來講，唯一的治療方法是需要先知道，當處於情緒混亂的風暴之中，自己會完全不受控制，所以她應該說：「現在不要跟我說話，我很混亂，等我冷靜下來再說。」然後，如果她自己平靜下來，那麼壓力也就不存在，她通常不用借助外力就能有一個恰當的、清晰的判斷。若非如此的話，她應該很樂意得到比她頭腦還清楚的人的幫助。

「求求你，千萬別告訴愛麗絲，」一個年輕人正在談論他的妹妹，「她先是鬱鬱寡歡，然後是消化不良和六個禮拜的失眠。」這個年輕人不是神經科的醫生，也對神經問題不感興趣——當然不是毫無了解，他只是從常識和自己的經驗來講述她的妹妹。

事情的關鍵是不受情緒的影響並能面對事實。如果神經過敏的女性能夠看到這些的重要性，並將之付諸實施，我們會驚訝於看到她們的神經是如何變強壯的。

有一個女士發現自己總是受情緒的影響，甚至患上了神經性疾病，她馬上去努力工作。每當有什麼事情碰巧引起了她情緒波動的時候，她會盡力讓自己放鬆，再放鬆，直到情緒的波動有所緩解，自己能夠用客觀的心態來看待事物。當她自己不能放輕鬆的時候，她會去散步，釋放讓腳步都變得

沉重的心靈。當你丟掉情緒的壓力，情緒便沒有什麼可以依賴，那麼它就只好消失了。

我認識另一位女士，她不知道如何放輕鬆，所以，為了從情緒的激動中解脫出來，她會馬上把注意力轉移到數字上，或者轉移到她的帳簿上，甚至是背誦乘法口訣。她的注意力集中在枯燥的數字，並且「把它們正確計算出來」，這使她的大腦擺脫了激動的困擾，再度恢復平靜。

此外，有時是由於某些女士太過執著於快樂的情緒而導致疾病。我們有多少次聽說過一些女士由於一場歌劇、一次音樂會或者一幕激動的戲劇而感到筋疲力盡？如果這些女士能夠知道這一點並享受其中，她們就會快樂得多，而不是神經緊張。

我們的天性是趨於健康的，也趨於快樂的感受。如果放輕鬆，擺脫了痛苦的情緒，我們就會發現隱藏於後的良好的判斷及幸福的本質。如果我們放輕鬆，那麼快樂的情緒就會流過神經，它們會留下幸福的感覺，增加天性已經賦予我們的快樂。

總而言之，女人緊張的兩個原因，一是她們不能理智地控制自己的身體，二是她們不能控制自己的情緒。但是這些原因的背後隱藏著她們太想要事事順心的這個事實了。即使

這個女士的想法是正當的，她也無權自私地去追求。若她認為：「如果我沒有這麼盡力地工作或者有這樣那樣的事情，我就不能很好地控制自己的身體。」那麼就讓她去工作，心裡想著所有能做的事情。她很快就會發現還可以透過許多方法來提高對自己身體的控制，而不只是透過無盡的工作。

借句老話，過度操勞的女士應以健康為目標；如果她們不能完全健康，也要盡量健康。

第二十七章
積極的情緒與消極的情緒

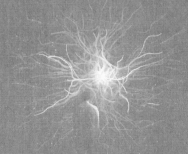

你曾經得過流感嗎？如果得過，你就會了解它是怎樣被命名的，並能了解它是怎樣控制你的，以至於在生病時你會覺得世界上任何事情都已不存在，它顯然完全控制了你。據愛爾蘭人說，流感是一種能持續一個星期，並要花費六個星期去克服的疾病。那是因為它已經牢牢地控制了你，深入你身體裡的每一根神經，它潛伏和隱藏在身體中隱密的角落，你需要自己擺脫出來。現在人們已經了解，如果我們保持放鬆，不在乎嚴重的感冒，我們的心胸就會重新開闊起來，便可以靠自身的血液循環快速地驅除它，但如果我們的身體對不適充滿了抵禦，那樣就會阻礙血液循環，並使感冒留在我們體內。

我的觀點是，如果我們放鬆就會相對容易地控制感冒。我們可以用消極的情緒來應對感冒，如果保持輕鬆，自身就會處於穩健的狀態，逐漸健康，並能控制不良情緒。當我們感覺自己完全被這個怪物控制時，只要擁有堅定的、積極的情緒，我們就可以擺脫消極的情緒，這樣便可以很快地恢復健康，而並不需要到六個星期。

為了透過積極的情緒來驅散疾病，而不是讓它掌控著我們，我們必須做一些不可思議的事情。我們必須拒絕把注意力集中在病痛和不適上，而應該堅持把注意力放在如何驅散它們上。換句話說，我們必須放棄抵制情緒的支配，它和其

他的疾病是一樣的。如果我們牙痛，我們把所有的注意力都放在牙痛上，那就不可避免地使它更糟糕。但是如果我們把注意力集中在驅散牙痛上，那甚至可以減輕只有牙醫才能阻止的疼痛。我原本有一顆蛀牙，已經痛一個星期之久了。白天，我不得不忍受痛苦去工作，晚上也忍著疼痛去睡覺。不僅可以忍受牙痛了，當牙齒漸漸好起來的時候，我驚訝地發現自己改掉了許多壞習慣，並且感受到許多生病之前沒有的自由。我不會為了獲得更多的自由，而希望有另一顆腐爛的牙，但我會希望透過忍受身體或者心理的疼痛，來獲得更多的自由。

情緒和疼痛、疾病是一樣的。自然規律傾向於健康，如果把疾病視為一個征服的暗示，把積極的情緒放在上面，那麼我們的心情就會很開朗。如果我們把全部的精力放在征服疾病上，而不是把注意力放在病痛本身，那麼結果會好很多。因為我們之中很少有人會把注意力放在獲取自由上，所以這看起來似乎很奇妙。

對於大多數人來說，疾病和不適是積極的，而我們與之抗衡的努力是消極的、無用的。消極的努力可以讓我們不會變得更糟，但就僅僅如此，似乎也不能讓情況有所好轉。然而積極的情緒卻可以帶領我們衝出敵人的重圍，儘管有時需要比較長的時間。

第二十七章　積極的情緒與消極的情緒

　　如果我們得了麻疹、百日咳、猩紅熱，甚至是更嚴重的疾病，讓這些疾病變成消極的，而我們努力去克服它們，結果自然是事半功倍。當孩子們得了麻疹、百日咳時，他們不知道怎樣應對，媽媽們可以積極地照顧孩子，他們的麻疹和百日咳就變得消極了。一個媽媽對於生病孩子的積極態度可以撫慰孩子的急躁與絕望。

　　不要認為我相信一個人可以一下子就產生積極的情緒，在我們獲得積極的情緒之前，必須付出努力，一遍一遍地堅定信念。當得到之後，我們還不得不反覆地失去，然後再獲得，再失去，再獲得；在我們養成克服困難與身體不適之前，要反覆很多次。但是我們健康的態度、積極的情緒可以征服這些困難與不適。

　　與其說是頭腦和身體的問題，倒不如說是身體、頭腦和性格的問題，抑或只是性格的問題。畢竟當我們審視事情的時候，性格發揮了很大的作用。

　　我認識一位女士，她總是不停地抱怨，每天早上都有許多的痛苦要講述。她近乎憤怒並喋喋不休地抱怨著，那語氣自然得像呼吸一樣。聽著她的抱怨，你會不斷地想如果把它們當作提醒自己能做得更好的手段，到底有多有效。但是如果有人敢冒險問出這麼一個問題的話，那將成為她的另一個抱怨——交了沒有同情心的朋友、被誤解等等。我們就會不

斷地聽到這樣的抱怨：「沒有人理解我，沒有人理解我。」經常聽到這樣的抱怨，同時我們也會產生這樣的疑問：「妳了解妳自己嗎？」

　　了解自己的最大障礙，是我們不願看到自己的不足。當我們謙恭地找尋自我不足的時候，很容易對自己相信的東西自以為是，但是當別人挑我們的毛病時卻是另一回事了。當我們注意到自己的不適與痛苦，這種注意給了它們積極的力量，如果有人建議我們應該轉換一下目標，那麼從我們內心產生的抵抗與憤懣，就明白無誤地揭示了我們的品性。

　　另外一個讓我們的缺點和錯誤占上風、與之抗衡的努力處於下風的方法，是為事情找藉口；這是一種極具毀滅性的習慣。如果從我們身上找到了問題，並且是無庸置疑的，那麼不管我們曾經做了多少正確的事情，或者我們做得比其他人更好，都應該在心裡、在口頭上，積極地說一聲「謝謝」，並努力去改正它。如果我們被告知左臉頰有一處吻痕，卻不去注意，也不馬上用香皂和清水洗掉，只是強烈堅持清洗右臉頰，或者額頭、手掌，這是多麼荒謬的事啊！如果我們花很多時間去解釋，要不是因為某些情況的話，那個地方就不會有吻痕，把那個情況翻來覆去地作以解釋 —— 我們說著各種藉口、辯解，還有聲明，但是吻痕依然存在 —— 從沒有洗掉，這不是同樣地荒謬嗎？

當我們的注意力集中到性格弱點的時候，以上是我們許多人的做法，並不誇張。而我們找藉口解釋並強調另外半張臉有多乾淨的時候，我們已將自己置於吻痕的一側。所以，我們找藉口、找解釋，假裝沒看見自己的問題，或者承認自己的問題卻不想改正，又或是當我們只專注於那些不快，卻忽視了獲得健康和自由的通常做法，那麼我們完全把自己置於疾病，或者痛苦，或者壓抑，或者困難的情況裡。這些對自己疾病的態度占了上風，而抵抗的努力處於下風。當然，在這些情況下，當我們完全屈服於恐懼，不願做出努力的時候，私心控制與疾病控制是一樣的，但對自我的控制要糟糕得多，深藏得多，也微妙得多。當被自私控制的時候，在我們的潛意識裡就儲存了很多為自己打算的動機，它們來自於偽裝的外表，強迫我們使用衝動愚蠢的努力來達成目的。私心終日都在證明它與自己所控制的人勢不兩立。

神賦予我們自由去服從祂，或者選擇我們自己的自私方式。在祂無上的旨意中，不斷地向我們展示自私自立導致的滅亡，而服從於祂就會獲得新生。也就是只有服從於祂，我們才能得到真正的自由。祂總是向我們展示著祂那似乎是超出想像的慷慨與慈愛，但是我們經常拒絕看到這些。實際上，我們是因為讓自己身體的疼痛和心靈的缺點占了上風，與之抗衡的努力占了下風，從而對此視而不見的。

如果我們有一個令人不快的壞習慣，想要克服它，並且還要讓一個朋友來提醒我們，那麼當這個朋友看到這個習慣並根據約定來掐我們的時候，我們卻是一邊憤怒地揉著手臂一邊惱怒地跳起來，你不感覺很奇怪嗎？我們一邊把被掐當作提醒，一邊還保持著這個壞習慣，難道不是很好笑嗎？

神以這種方式提醒著我們，而我們表現的卻是憤怒，並抱怨我們的命運，抑或是讓我們的性格弱點放任自流。那些被掐的疼痛只是向我們強調著這些。

有個問題是，我們沒有意識到我們和神之間有一個協議，這應該不僅僅是一個協議而是一個契約，或者是我們意識到了然後又忘了。神堅守著祂的做法，而我們卻未盡承諾。神用慈愛提醒我們，我們仍愚蠢地做著自私的事，並沒有理會祂的提醒。

有一個例子能說明我們使自己的問題占上風，而讓抵抗的力量占下風。我認識一位女士，她總是嚴肅地與她的朋友談論自己，表面上看起來對自己的錯誤態度有著明顯的惋惜。她講述了她曾經是怎樣的自私，並且舉出了例子，當她在做無私的事情時，腦海中卻產生自私的想法，她說她很努力地想做得更好，坦白了她曾經無用的努力。起初，我被這些坦誠欺騙了，並被她對自己以及個人動機清晰的認識所打動。但是在和她接觸一段時間後，我驚訝地發現她對罪惡的

坦白完全出於自負，就像她站在鏡子前欣賞自己的美貌一樣。自私的滿足經常存在於對待悲傷的態度中，這和存在於對快樂的感知中的滿足是一樣多的。最後，這位女士意識到了她在回想自己不足時的自大，她不僅縱容了這些缺點，而且使自己與之對抗的心態受到了損害，她實際上是在保護它們，並讓它們作威作福，因而她對待缺點的態度不是一般的消極。

當我們允許自己不同形式的自私占據上風控制我們的時候，一個更為消極的應對方法是首先對缺點感到非常擔憂，但是又不斷地審視並且陷於這種擔憂，然後以這種方式一遍又一遍地提醒自己，以便當我們認為自己正在努力改正缺點的時候可以麻醉自己。這就是我們的消極態度。

現在我們可以確信除非我們賦予邪惡力量，否則它便沒有力量可言而且一點都不重要，這就是我們使努力積極化，邪惡消極化的第一步。下一步是不順從它也不抵抗它。這就意味著，不論用什麼樣的努力，我們都要盡己所能用積極的態度去面對。

有一種讓自身變得消極而誘惑變得積極的方式，那就是遺傳的作祟。擁有這樣的遺傳，我們怎樣才能取得成功呢？「如果你看見了我父親並知道他是什麼樣的人，你就會知道我確實是他的女兒。你就能輕易理解我為什麼對自己沒有希望

了。」一個年輕的女人說。她打從心底認為，因為她的遺傳因素，她的生活毫無價值。我們要花費一點時間用智慧去讓她確信：除非我們沉溺於自私，否則即使遺傳中有自私的因素，也發揮不了多大的作用。知道了我們的遺傳因素，也就是我們被預先告知了我們的缺陷。我們可以用積極的情緒去解放自己，讓我們不受它的控制。這就是造物主的恩賜。

這個女人的故事也詮釋了另一個人提出問題的真正含義。在他跟隨著神耶穌離開之前，他問道：「我是否應該先回家埋葬一下我的父親？」神回答：「讓死亡掩埋他的屍體，你跟我走吧！」當感覺我們受到遺傳因素的約束時，實際上我們並沒有讓一切隨著死亡而結束。

因此讓我們仔細地研究一下這個問題。疾病與邪惡都是消極的，我們應該用積極的態度去征服它們。以這種方式，疾病與邪惡就會慢慢地被消除，最終消失。

當我們變得疲憊時，如果我們拒絕讓疲憊的印象積極地控制我們，而是積極地堅持把注意力集中到休息上，那麼我們就可以用原來一半的時間，甚至是少於一半的時間來緩解疲憊。一些人之所以處於慢性疲勞中，是因為他們把精力放在了疲憊上。

「我累了，是的，我應該休息了！」這就是大腦中出現的敏感的想法。

自然規律是趨於健康的，如果我們認識到了這一點，把注意力放在積極的方面，我們就會欽佩及熱愛健康的自然規律，並感覺精力充沛。自然規律就是神的法則，神的法則傾向於讓人的精神和肉體都健康。如果我們按照自然規律行事，加深對它的敬畏，我們就會發現自然規律是積極的，而我們的個性就有些消極了，這是一個真理。

第二十八章
心靈的塵埃

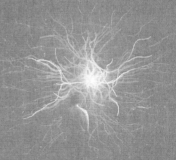

根據常識來看——無論是精神方面還是物質方面——當代人的生活方式裡有一件無庸置疑的事情：我們都生活在一個長期的亢奮狀態裡。如果我們可以坦誠地面對，並且認真思考這個問題的話，就很容易看出來。這點是很容易證明的：當沒有什麼事情發生時，我們很快就會變得無聊起來，就像現在我們會發現無論男人還是女人，如果要在一個小時或更長時間內不做任何事情，那是不可能的。「但是，」有的人會說，「我們每天都很忙碌，時間利用得很充實，我們為什麼要停下來什麼都不做呢？」或者其他人也會問：「我們全心全意地投入工作中，當我們即將取得成果的時候，我們怎麼能夠停下來什麼都不做呢？」

　　上面問題的答案是：「當你忙得不亦樂乎並且樂此不疲，你不能停下來什麼都不做。」即使你不瘋狂地工作，你的工作也能順利地進行，我們並沒有透過停下來什麼都不做去打斷或推遲它的必要。但是你應該有能力停下來什麼都不做，如果任何時候需要你繼續進行，你都可以平靜而又自信滿滿地開始。

　　沒有哪個男人，女人或孩子真正了解這種力量，這種對工作和玩耍控制的力量——他們有能力去停下來什麼都不做。

　　如果我們夠注意、夠仔細、夠平靜，並且夠敏銳地觀察，就會看到我們之中的每一個人是怎樣生活在亢奮中的。

我曾經看到過這樣的女士們，雖然她們沒什麼事情去做，但卻很興奮地吃著早餐，當得知今天的安排時，她們像追逐火把一樣興奮。她們興奮的標準是如此地低，根本就不知道人們心靈的塵埃是怎樣被這些無謂的緊張激起的。

不久前，一個人告訴我，他因為每天要和一個朋友邊高談闊論邊走去上班而感到疲憊不堪，這並不是什麼非同尋常的事。我們每天生活中所處的緊張和興奮的狀態就像在物質世界中我們不斷踢起的塵埃一樣，每個人都把自己獨有的塵埃和他人的塵埃混和在一起。

不論是在心理上，道德上還是精神上，我們都會因為自己或是他人踢起的塵埃而打噴嚏、嗆到。就像塵埃落在身上一樣，我們怎麼才能得到有關生命那清晰又全面的看法呢？像我們想拓寬視野，而視野卻沒有得到拓寬一樣；只有心靈的塵埃落定了，我們才能得到想要的觀點。還是有一個令人高興的想法的：當我們知道怎樣去生活時，我們心靈的塵埃就會落定。我們的生活習慣會讓我們遠離他人心靈的塵埃。不僅僅是這樣，當我們從自己心靈的塵埃中解脫出來時，別人的心靈塵埃也不可能干擾到我們。透過他們的心靈塵埃，我們能看清他們，也能看到包圍著他們的塵埃阻礙了進步。在沒有塵埃飛揚的地方，我們能夠區分塵埃並看穿它；而在塵埃中，我們區分不出任何東西。如果一個人想根據普通的

感覺來了解生活的標準，那麼對於肉體、心靈及精神來說，適用於它們的最好準則就是讓自己平靜下來，直到心靈的塵埃落定。

你知道正確的吃飯、呼吸、睡覺和休息的法則，但在充滿興奮的日常生活中，這些知識產生的作用卻很小。你不斷地遺忘、遺忘……如果在某一時刻，你認為必須有更好的生活，那麼你就會下定決心按照健康的法則生活，這個狀態會持續幾個星期，甚至是幾個月。當體力恢復，你再一次進入興奮狀態。在了解這點之前，你一直被世界上其他的塵埃所蒙蔽。所有這一切只是因為你沒有很好地分析這個過程，從來沒發現過，也不理解什麼是平靜。

你知道一個明智的母親來到一個吵鬧的幼稚園之後發生的事情嗎？在那裡，她的孩子正興奮地和幾個小朋友玩耍，這個母親被邀請一起來度過一個陰雨的下午。這個母親看到玩耍中的孩子都處於興奮之中，夾雜著兩、三個孩子因為某些愚蠢的小事爭吵的聲音，他們的小腦袋裡想的都是這些事情，幼稚園中全是屬於孩子的心靈塵埃。接下來這個明智的母親會做什麼呢？是斥責孩子們，對他們的吵鬧感到厭煩與憤怒，而再掀起塵埃嗎？不，並不是這樣。她先用令人高興的方式引起孩子的注意力。然後，當孩子們的注意力都集中起來時，她再讓他們安靜下來，以便能「聽到一根針落地的

聲音」。孩子們都對這產生了興趣。第一次，因為強尼和莫莉動了一下，而沒聽到聲音。這位母親告訴孩子們安靜到能聽見針落地的聲音是多麼地有趣。第二次也因為受了一些干擾而沒聽到。第三次，孩子們全神貫注地傾聽聲音，他們清楚地聽到了這個細微的聲音。他們又請求這個母親再試一次，看看他們能否聽到。這次幼稚園裡吵鬧的聲音落定了，僅僅透過改變了一下遊戲的玩法、為他們講個故事，這個明智的母親成功地使幼稚園變得安靜下來。

如果想高興地生活並保持健康，那麼根據簡單的常識，我們可以將自己當作孩子一樣來學習安靜，這樣我們就會處於光明和溫暖之中了。

首先是讓身體安靜下來。消化不良會使我們焦躁不安，因此我們必須吃有益於健康的食物，但不能暴飲暴食，要吃得適中。糟糕的呼吸系統和血液循環會使我們焦躁不安，因為呼吸對血液循環和大腦有直接的影響，因此我們必須增加肺活量，讓它能夠帶來更多的新鮮空氣，這樣就可以為血液循環提供充足的氧氣。當我們平靜而有節奏地呼吸時，就像打開了一個管道，血液可以毫無阻礙地流動，我們的整個神經系統也會慢慢平靜下來。

缺乏運動會使我們焦躁不安，因為運動為身體提供充足的氧氣，防止血液循環緩慢，而血液緩慢地流動會使神經系

統緊張起來。因此定期的運動是很重要的。

　　缺乏休息也會使我們焦躁不安，我們必須好好地休息，盡量用最好的方式得到應有的休息。不要期望它們馬上就會完全實現，但如果每天都堅持下來，我們的身心就會健康起來，這樣我們心靈的塵埃就落定了。我們在審視生命時就會有驚奇的發現，幸福與力量都呈現在我們的生活中。

　　現在讓我們想想，怎樣才能開始下定決心用我們的力量使心靈的塵埃落定，獲得一種平靜的心態呢？我們必須從微小的部分開始。往往那些看起來很小的部分卻能導致持久的結果。除此之外，當以微小或正確的方式來達成目標時，我們就會發現事事無捷徑，都需要我們去穩步前行。

　　我們必須一步一腳印地朝目的地前行，必須一磚一瓦地工作，直到一幢大樓呈現在面前。

　　但是現在第一步是讓心靈的塵埃落定。我們每天用半個小時的時間什麼都不做。前十分鐘會很無聊，接下來的十分鐘會更無聊，但到最後的十分鐘，我們會有一種平靜的感覺。也就是儘管起初塵埃沒有落定，但最終都會落定。有一個有趣的現象，當我們開始努力使自己平靜下來時，那些努力就像是噪音和旋風，要持續一段時間。有些人會說每天花費半個小時什麼事都不做多荒謬啊！或者，「大自然都不可能是真空的，我們又怎麼可能什麼都不做呢？最起碼我們的大

腦還會思考一些事情吧。」

　　要回答這個問題，我可以借用一句愛爾蘭的俗語：「放鬆，如果不能完全放鬆的話，也要盡量放鬆」，盡力不做任何事情。當你發覺自己在想事情時，立即拋掉這種想法；當你感到煩躁，並且一分鐘也不能保持鎮定時，要盡力讓自己放鬆並盡可能安靜下來。在開始下一步之前，應該用幾天的時間讓自己不想、不做任何事情。用半個小時去除內心的雜念絕不是件容易的事。我們的心裡充滿了誘惑與抵抗，我們一些人心中全是憤懣，而必須要做的就是從一天之中拿出半個小時，什麼都不想。如果腦海中出現了一些擔憂，不要去管；如果腦海中浮現出了對某個人或者某種情況的不滿，也不要去管。

　　我知道這些說起來容易，但是請記住，每天只用半個小時 —— 只用半個小時，這半小時內不要去想任何事情。當我們學會了靜靜地坐著、靜靜地躺著，不去想任何事情，就擁有些微的成功了，對大部分人來說，能做到這一點。第二步是用半個小時的時間深呼吸。深呼吸一下，停一會，深呼吸兩下，再停一會。透過學習如何深呼吸，我們可以慢慢地平靜下來。但這一定是個鑽研的過程，我們必須先學習如何緩慢地吸氣，然後同樣緩慢地呼氣，並一直保持著這種狀態，每一次都讓呼氣和吸氣持續久一點。

在堅持了一陣子每天半個小時的深呼吸後，就會發現我們能夠有節奏地（吸氣的時候數五下或者十下，呼氣的時候數五下或者十下）、穩定地呼吸半個小時了。盡量讓呼吸寧靜、輕盈、穩定，用越來越少的力氣吸進與呼出。當我們發現不需要很大的力氣就能充滿活力地呼吸時，真的很令人高興。每天半個小時的深呼吸鍛鍊有助於養成有節奏呼吸的習慣。一個平穩的、有節奏的呼吸有助於平靜心態。

　　我們可以一邊深呼吸一邊做運動。先緩慢地抬起手臂，再把它們自然地放下，停頓的時候，要讓手臂不帶任何緊張地放在腿上或者沙發上，有意識地去放鬆。

　　但是上面所有這些都與我們的身體有關，而我要說的是心靈和道德上的塵埃。體力勞動可以使我們的大腦平靜下來。如果我們有一個焦躁不安的大腦，那麼光平靜的身體是沒有用的，我們仍然會因為憤怒而處於緊張之中。在這種情況下，平靜的身體僅僅是一個對大腦的支配產生反應的儀器。一個使大腦平靜下來的最有效方法就是努力集中注意力。一個人如果集中了注意力，他可以什麼都不做，只是靜靜地坐在椅子上，或是靜靜地躺在床上、地板上。安靜下來，保持安靜、平靜下來，保持平靜。這就是集中注意力的一種方式，也有助於我們什麼都不想、什麼都不做的一種方式。然後我們就可以集中注意力於平靜的呼吸，讓它輕柔、

穩定，沒有任何緊張感。剛開始，我們必須集中精力放鬆，不要感到緊張，不要摻雜任何的情緒，使大腦處於平靜的狀態，就像一個人正在觀察一隻離得很近的鳥，他必須格外小心以免把鳥嚇跑。

集中注意力有它的祕訣。首先是要拋棄一切干擾的事物。其次就是在專注時不要帶有任何情緒。實際上，它們是統一的。如果要拋棄一切干擾，那麼為了把注意力轉移到慢慢丟棄緊張的過程上，我們就會放鬆下來。

焦躁不安的心態，充滿著擔憂、焦慮、抗拒與不滿，充滿著各式各樣的憤恨。一遍又一遍地要解決根本不是人力可以控制的問題，或者因為幫助也已經超出能力範圍，而不斷地抱怨、煩躁、迷惑，這個受內心塵埃蒙蔽而困惑、汙穢的心靈並不是產生這些的原因 —— 相反地，這個心靈只是結果。原因是隱藏於心靈後面的貪婪，以及毫無道理地堅持要為所欲為而掀起塵埃的任性。

一種平靜的心態，一種可以使我們平靜地應對緊急情況的心態，那並不是任性。恰恰是人的本性揚起了心靈的塵埃，這個本性希望並且竭力要隨心所欲，如果沒有達成目的，就不斷地興風作浪。

神的意願是平靜的，我們從樹木和鮮花的生長中可以發現這一點，我們從宇宙中恆星的運動可以發現這一點，我們

第二十八章　心靈的塵埃

從自然規律中可以察覺出神的心態。當我們的心態逐漸平靜下來時，我們會發現神的恩賜遍及每一件東西、每一個人。

如果我們想讓心靈的塵埃落定，我們必須努力讓自己平靜下來，拋棄一切阻礙內心平靜的事情，放棄為所欲為的想法。我們必須相信神的做法超出我們萬倍，如果安靜地順從於祂，祂就會向我們揭示祂的方法，引導我們向其靠近。

如果我們有著平靜的身體和平靜的心態，那麼這一切都是神授的，都是耶穌基督的旨意。學習祂說的話，祂寫的書，我們意識到祂的力量和生命的美妙，意識到 —— 最大程度地意識到 —— 他周圍那明朗的氛圍，我們看到並感受到空氣中瀰漫著寧靜 —— 那是神的恩賜。

沒有痛苦、沒有誘惑，任何人的心中都有過這樣的呼喚。神從來沒有這樣的事情。因此如果我們打算找到寧靜，這種寧靜可以在一開始就消弭塵埃，如果我們心中最終充滿了更真實的順從以及滿載愛意的信任，那麼即使在最初沒有平靜地處事，我們仍能發現生命的本質，我們會不斷地去發現並且熱愛；我們還能發現這些並非來自於我們本身，而是博愛的神賜予我們的。

我們之中的一些人並沒有開始的動力；我們之中的一些人，開始僅僅是為了解脫，或是意識到拋棄塵埃，我們可以

擁有更多的力量，但是只有當我們隨著時間的流逝，順從於神的意志，期待要放棄任性的時候，我們才能寧靜地生活。如果我們全心全意投入工作中，不被失敗和沮喪打倒，而是從中學到東西，那麼光明和溫暖就會逐漸把我們包圍起來，我們的力量也會漸漸強大的。

第二十八章　心靈的塵埃

第二十九章
簡單的生活常識

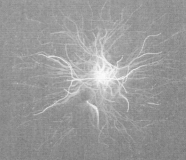

簡單的常識！我們仔細回想那些保證我們更加健康、安定，日復一日有趣生活的每件事，簡單常識看起來就是最優先，也是最基本的需求。我們都被告知在解決無論是科學的，藝術的還是簡單的日常生活問題，都要從外圍到核心，從知道到不知道，從簡單的事實到複雜的事物。我們的生活方式無論是安靜平淡，或是充滿變化冒險，生命必須要以簡單的常識作為基礎。

　　當我們停下腳步短暫地思考時，常識的缺乏顯得非常明顯。一個人如果注意到這一點、意識到不足，並且要在生活中加強，那麼他就會比我們這些只是旁觀的人能夠更好的把常識帶回到這個世上。比方說，保證休息是一個簡單的常識，但是我們又有幾個人能做到呢？有多少讀者讀到上面的內容時會微笑、譏諷，或者有些惱怒地說：「休息是毫無疑問的。但是怎麼能和我不得不做的事情相提並論？或是我所有的關心，又或是我不得不擔憂的事情？」

　　在我看來，當今教育更傾向於傳遞資訊，而不是準備好心靈去接受或使用各種有趣有益的資訊，也就是說，在說明心靈中吸引需求的東西；汲取所吸引的東西，消化所汲取的東西，這就像任何健康的胃消化所需要的食物來提供身體所需的能量一樣。這種培養的根源是在教授實際的應用和實踐中研究出來的，確切地說，這多於五十年前的數量。但是你

必須測試青年畢業生的思想，以便觀察還需要多少這樣的工作，以及對年輕人心靈的鍛鍊將會產生多大的影響，甚至對現在的影響。

例如，倫理學。有多少孩子因為在學校學了倫理學，回到家後會對家庭產生更大的用處？會對家人更體貼入微？而除此之外，倫理學毫無用處。如果思想真正被吸收並消化成道德原則，那麼使用它們將會讓心靈為之震動，或許將會使那些男孩和女孩的生活發生很大的變化，這個變化會讓他們的家長和朋友感到驚訝與高興。

如果保證休息的觀點用教授倫理的方法在學校教學，那麼這種觀點就像是在學生的思想中不可消化的大塊硬物，不會被吸收、消化，不會在每日的生活中被執行。這種觀點會逐漸地蒸發到空氣中去，或者在各種關於它的玩笑和言論中泯滅，這些言論將會證明孩子對所學的東西一無所知。

再重複一次，我很高興重複 —— 如果每天都會在學校中教授 —— 有實踐意義的講授 —— 關於如何形成保證休息的習慣，那麼在整個國家將會產生驚奇的效果，更不用說在很多個案中，它可以防治某種遺傳疾病的爆發。

自然規律常常傾向於健康，這種傾向是如此強烈，以至於很多時候看起來彷彿是自然規律抵禦了那些與健康作對的因素，從而把人們帶進健康之中 —— 甚至可以說是抵禦了對

健康的刻意回絕。

　　當一個人的身體在輕鬆的情況下，本能會不斷地擺脫傳播疾病的細菌，不斷地與之抗爭，積極地抗爭，以此來保護身體免遭任何干擾、保持健康。當一個人的身體不是很舒服的時候，本能也會努力地發揮作用，但是是透過各種形式的緊張來阻止循環、阻止食物和氧氣的健康吸收，並且阻止通路，使體內的雜質不能排出去，疲倦的身體會干擾本能的工作，使其無法保持身體的舒適。當我們很疲憊時，除非得到了有效的休息，否則疲憊的事實將會使我們更加疲憊。

　　世界上大量的疲勞（對我來說高於二分之一）都來自於人們需要理智了解如何保證休息。越缺乏理智，國家的健康就會越受影響。相比我們的爺爺奶奶來說，我們更加缺乏簡單常識。而他們相比他們的父母來說，也同樣更加缺乏簡單常識。因為現在的生命相比過去是如此地複雜，所以我們需要多於祖先的簡單常識。只要願意的話，我們是可以的，因為相比我們父母那一代人，對於衛生科學有著更加真實的了解。我們現在要做的就是把一些人能夠給予我們的資訊實踐，尤其要將這種實際的用途傳授給我們的下一代。

　　讓我們來看一下，我們將如何在工作中實際地保證休息，獲得簡單的常識並利用它們。

為了保持身體的舒適，我們不可以過度地工作。

我們必須保證勞動和休息的平衡。

如果我們吃了不合胃口的食物，我們身體的內部器官就會過度工作。而我們吃了過多或過少合口的食物時，胃部就要承擔多於本應承擔的工作，那麼它將會影響大腦和全身的神經系統，身體的其他部分得不到正常所需的能量，結果自然就是疲勞。

當我們沒有充分攝取身體所需的新鮮空氣時，內部器官就會過度工作。血液需要氧氣的供應，而神經和肌肉需要能量進行工作，當氧氣供應不足，身體機能的運轉只能依靠少於實際需要的能量，那麼不可避免地承受巨大的壓力，結果只有疲勞。

在上述兩個例子中，胃與心肺都過度疲勞了。人們會抱怨：「我什麼也沒做，我為什麼會這麼疲憊？」答案是：「不對，你身體的外部肌肉什麼都沒有做，但是你的心肺和胃是嬌弱又敏感的器官，它們被你過度使用了。除了大腦疲勞之外，這樣的疲勞要比其他任何形式的疲勞都嚴重。」而且過度疲勞的心肺和胃會使大腦更加疲勞。

對於給予大腦的工作導致大腦過度疲勞的問題，我們稍後再討論。先談論一些關於不讓身體保持休息而不能使之更

好工作的問題。

　　知道吃什麼以及如何吃並不困難，稍微動動腦筋即可。我們需要的只不過是有關吃的常識。當我們胃部不適的時候，絕對不要吃東西，如果不得不吃，那麼我們一定要吃得比平常少，還要吃得慢。這條關於吃什麼以及怎麼吃的建議實在是非常好，在這裡我就不再說什麼了，即使沒有這條本身極具價值的建議，我們大多數人如果能用大腦思考一下，那麼對於所吃的食物都會得出簡單的常識，並且只吃我們認為有營養的東西。這一點毫無疑問。亂搭配食物會染上胃病，並且就像吃了不能消化的食物一樣阻止正常的消化。

　　如果我們拒絕吃已知有害的東西，並且只吃我們知道有營養的東西，那將提升我們對精緻食物的享受。我們不會因為拒絕吃過多的糖果而喪失胃口，我們得到了這個常識。豬一樣生活的人會完全失去他們精緻的胃口，而且他們失去的會更多。

　　不幸的是對於大多數人來說，他們對新鮮空氣並不像對食物一樣那麼有胃口。幾乎沒有人只是單純地想要新鮮空氣；大多數人只是自私地想要擺脫感冒。然而在健康、保證休息、放鬆心情裡感受到的區別，就像沒有空氣與大量空氣之間的區別，又像錯誤的食物與足夠的（不要太多）食物之間的區別。

為什麼供給肺部足夠的氧氣讓身體感受到舒適，不能像食物供給胃部那樣吸引我們呢？攝入適量的新鮮空氣對於使我們精力充沛有著奇效！

教授孩子的實際知識是讓他們鍛鍊，這樣的鍛鍊可以打開他們的肺部，使他們每一次呼吸都能夠吸入足夠的氧氣來保證身體的健康。大多數人的肺部有著這麼多用來吸收氧氣的細胞，然而當它們饑餓的時候卻得不到一點食物。

當然了，關於身體內部機能以及需要保持身體健康的簡單常識的話題，我們有太多可以說了，但應該是採取行動的時候了。

現在我們說說關於從外部來保持身體的舒適。一切的安排是如此地妥貼 —— 晚上我們會睡覺，白天是我們工作的時間，而晚上是我們休息的時間；所以工作和休息的時間是相等的，並且我們也很高興在一天二十四個小時之內，當我們身體狀況好的時候，我們每天只需要八個小時來睡覺。人的本能是如此，它可以在八個小時內補償我們在十六個小時活動中所損失的能量。

每天我們只需要用三分之一的時間進行睡眠，而有三分之二的時間進行工作和消遣。這一有規律的睡眠，對於保證休息來說是強而有力的保障。因此，這裡面的簡單常識就是找出如何自然入睡，如何得到除了睡眠之外本能賦予我們的

東西，以便早上醒來時頭腦清晰，為一天的工作做好準備。

為了能自然入睡，我們必須學會放棄一天的緊張，要像嬰兒一樣真正地入睡。讓我們進入睡眠吧，在這個陳述中有很多的意義。當我們那樣做的時候，人的天性會復甦，並使我們獲得新的活力、使我們的生命力更加旺盛，並帶給我們更多大腦在一天內進行工作和消遣所需的能量；或者說幾乎所有需要的能量——因為在一天裡，我們仍有很多小憩，很多我們需要並且能夠讓我們得到的小憩。我們可以很舒適地坐下來享受我們的三餐。悠閒並安靜地吃東西，使我們的每一餐不僅是在獲得營養，還是很好的休息。在吃飯的時候卻要承載著擔憂、匆忙或者工作壓力，還是把這頓飯當作一天之中必須要做的唯一一件事，導致了疾病與健康的區別。最好是吃一些有營養的食物並且安靜休閒地享用，這要勝過匆忙地進食大量同樣的食物。這是保持身體健康很重要的一個因素。

在一天之內有很多固定或者不固定的機會供我們休息，以保證身體健康。如果必須等待，那麼我們可以安靜地坐下來。無論我們正在做什麼，都有閒暇的時間來休息。每個人都可以找到他自己的「空閒時間」。如果我們真正地去利用它們，理智地利用，如果我們願意尋找並且使用它們，那麼它們就會非常有幫助。

身體是一個奴僕，我上文所寫的所有內容都是關於這個奴僕的。如果主人把僕人逼到了一個不是僕人不願到達，而是他根本達不了，且因此必死無疑的境地，那這個僕人怎麼會保證活下來呢？一個聰明的主人會是簡單常識的忠實信徒，為了能以最少的能量做最多的工作，他會訓練他的傭人 ── 也就是他的身體 ── 休息、吃飯和呼吸的方法。如果控制身體的心靈與身體作對，用無盡的憤懣和抵抗來傷害它嬌弱的機能；精神因為不能隨心所欲，或者因為能夠為所欲為，滿足了自己的私欲而變得煩躁、沮喪、不快，那麼即使遵守了所有保證身體健康與力量的外部法則，並且是嚴格地遵守，你也不能得到健康。

　　除非遵照心靈的健康常識行事，否則身體健康的所有常識都是無稽之談。而且，儘管「健康的體魄中有健康的心靈」要比用充滿抵制的心靈去維持身體健康來得更為持久，但除非擁有健康的精神，否則前者也不能保持長久。

　　有關精神的常識，我們另找時間多討論一些。

　　說到心靈，我們看到它允許讓自己充滿抵抗是很不明智的，而且是愚蠢至極的。

　　在孩子的教育中，教授他們記住保持心靈健康的簡單常識，是多麼重要的事情啊 ── 教給他們的是思想抵抗的無用與純淨心靈的健康。

如果孩子擔心自己的功課，他那是正在抵抗在班上落後的可能；讓他知道擔心會影響他的學習。告訴他如何放下擔心，他將發現會在更短的時間內完成功課，而且也記得更牢。

　　透過遵循同樣的法則，可以教授孩子焦慮感只會影響他們的進步。焦慮感有時候是來源於遺傳性的神經不穩定，應該培養孩子去除這種焦慮感。

　　但是，唉！當父母本身都無法擺脫那種焦慮感的時候，他們又如何去培養自己的孩子聰明地生活，不受那些無用抵抗的困擾呢？對於任何的父母來說，無論什麼時候學習都不晚，如果他們都有勇氣向孩子承認他們將會幫助孩子並與孩子一起學習，那麼就沒有孩子會或者能夠產生焦慮。孩子得到了適當的教育，當他們長大時，他們會給他們的孩子一個什麼樣的開始──一代一代傳下去的，是多大的一筆財富！這會實現嗎？我們當然希望如此。

第三十章
結語

　　丟掉怨恨，拋棄不良的牴觸心理。

　　如果周圍環境或者某些人在我們心裡引起了怨恨或牴觸，不用去管它們，直到我們平靜下來。僅僅不受怨恨或者不健康牴觸的影響還不足以完全獲得自由，自由也來自於對這種適應強烈而持久的關注。關注與放鬆互相依存，使人們的神經穩定 —— 就像離心力與向心力保持地球的穩定一樣。

　　隨著心中有利於健康的關注和放鬆不斷增加，我們的觀念會變得清晰，那麼我們就能區分正確的事情，並有力量去做。當我們不再受其他人影響的時候，我們與其他人的關係也變得更為融洽、更為和諧、更加充滿生命力。然後我們逐漸意識到，說到底，那就是我們自己的事情 —— 我們自己的怨恨與牴觸 —— 我們受困於此 —— 與周圍的環境和人一點關係都沒有。當發現這一點，並照著做的時候，我們就真正自由了。伴隨著這份自由，一個清晰的感覺與信念逐漸形成，那就是聰明的愛的力量。這份力量給予我們自由的意志，也會一直引導我們。

　　如果沒有經歷過，沒有人會真正相信一件事情。我們可能認為自己相信所有完美的真理，但是除非親身經歷證明了那些真理，否則的話它們又如何才能真正屬於我們？直到它們融入我們的血液，我們才會完全相信 —— 也就是說在那之前，我們必須要用自己的心靈來感受，用真心去熱愛，在我

們的生命中一次又一次地實踐。

　　如果讀者重新審視這本小冊子，將會發現每一章在根本上都是有益健康的建議，不斷地重複同一個法則，這個法則適用於生活的每一個角落。如果讀者能夠把這個法則銘記於心，並加以運用，就會發現越來越喜歡它，而且心中還會萌生一個無往不利的信條。

　　有人曾經描述過好教養和壞教養之間的區別，就像一個通常會去克服自己不足的人和一個對自己缺點不管不顧的人之間的區別一樣。

　　好的教養有心靈與自然之分，前者來自個人品格的高低，而後者是與生俱來的，根據我們的喜好來表現。

　　不受環境影響以及聰明地不受他人影響是心靈上好的教養，它賦予我們生活中每一件事能量，並使我們與其他人更真實、更親近地相處。只有當真情流露時，謙恭有禮才是真實可信的，而如果流於形式，那麼它就失去了任何的意義。

　　據我所知，如果沒有萬能的主給予我們毫無保留的依靠，這種自由和良好的習慣就不能永久持續。

官網

國家圖書館出版品預行編目資料

神經與理智：高度敏感、歇斯底里、幻視幻
聽……其實你一切都好，「習慣」卻老在耳邊咆
哮！ / [美] 安妮‧佩森‧考爾 (Annie Payson
Call) 著；胡彧 譯 . -- 第一版 . -- 臺北市：崧燁文
化事業有限公司 , 2023.05
面；　公分
POD 版
ISBN 978-626-357-306-2(平裝)
1.CST: 心理衛生 2.CST: 女性心理學
172.9　　112005273

神經與理智：高度敏感、歇斯底里、幻視幻聽……其實你一切都好，「習慣」卻老在耳邊咆哮！

臉書

作　　　者：[美] 安妮‧佩森‧考爾 （Annie Payson Call）
翻　　　譯：胡彧
發 行 人：黃振庭
出 版 者：崧燁文化事業有限公司
發 行 者：崧燁文化事業有限公司
E - m a i l：sonbookservice@gmail.com
粉 絲 頁：https://www.facebook.com/sonbookss/
網　　　址：https://sonbook.net/
地　　　址：台北市中正區重慶南路一段六十一號八樓 815 室
Rm. 815, 8F., No.61, Sec. 1, Chongqing S. Rd., Zhongzheng Dist., Taipei City 100, Taiwan
電　　　話：(02)2370-3310　　傳　　　真：(02) 2388-1990
印　　　刷：京峯彩色印刷有限公司 （京峰數位）
律師顧問：廣華律師事務所 張珮琦律師

─版權聲明────────────────────────────

定　　　價：330 元
發行日期：2023 年 05 月第一版
◎本書以 POD 印製

獨家贈品

親愛的讀者歡迎您選購到您喜愛的書,為了感謝您,我們提供了一份禮品,爽讀 app 的電子書無償使用三個月,近萬本書免費提供您享受閱讀的樂趣。

ios 系統

安卓系統

READERKUTRA86NWK

讀者贈品

請先依照自己的手機型號掃描安裝 APP 註冊,再掃描「讀者贈品」,複製優惠碼至 APP 內兌換

優惠碼(兌換期限 2025/12/30)
READERKUTRA86NWK

爽讀 APP

📖 多元書種、萬卷書籍,電子書飽讀服務引領閱讀新浪潮!

🎧 AI 語音助您閱讀,萬本好書任您挑選

🔍 領取限時優惠碼,三個月沉浸在書海中

🔔 固定月費無限暢讀,輕鬆打造專屬閱讀時光

不用留下個人資料,只需行動電話認證,不會有任何騷擾或詐騙電話。